PHP
Business Shinsho

管理職3年目までに
「会社の数字」に強くなる!
会計思考トレーニング

Tomoaki Kaneko
金子 智朗

PHPビジネス新書

はじめに

本書を書くことになったきっかけは、本書を担当してくださった編集者から聞いた興味深いお話でした。編集者の方曰く、実際の管理職の方々に聞いて回ったところ、以下のような声があったというのです。

- 管理職1年目の多くは、プレーヤー感覚から抜け切れないまま終わる。
- 2年目が勝負の分かれ目で、会社の数字を意識して動けるかどうかが重要な試金石となる。
- 2年目の勝負をクリアできると、3年目に「会計思考」で戦略を練ることができる。

このような流れでキャリアパスをたどれるのが管理職としての理想であり、実際、「デキる」と目《もく》されている管理職は大体がそうらしいと言うのです。

大々的な調査の結果ではないので、これがどの程度、世の管理職の実態を反映しているかは分かりませんが、少なくとも私の感覚としては大いに納得できます。

特に、「会社の数字を意識して動けるか」というところが非常に重要です。「管理職」を英語で言うと「マネージャー」ですが、その語源である「マネジメント」は「経営」です。「管理」ではありません。マネージャーである管理職は「経営者」の一員なのです。経営者である以上、会社の数字を意識しなければ、単なる遊びになります。戦略論もマーケティング論も、会社の数字と結びつけて考えないと、すべてはただの面白い話で終わります。

そんな経緯から書いた本が本書です。本書は、これから管理職になる人、なったばかりの人が、会社の数字に強くなり、デキる管理職になるための本です。管理職になって3年以上が経過した人も遅くはありません。すべての人にとって、「今」が最も早い時です。気付いて行動を起こした者勝ちです。

ところで、管理職が意識すべき「会社の数字」とは何でしょうか。会社の数字とは、言うまでもなく会計上の数字です。「会計」というと、おそらく多くの人は「決算書」や、それを作るための「制度」を思い浮かべると思います。

本文で改めてお話ししますが、制度に基づき決算書を作成するための会計は、「財務会計」と言われる会計分野です。これも確かに重要ですが、管理職が本当に身に付けるべき会計は財務会計ではありません。もう1つの会計分野である「管理会計」です。

管理会計の「管理」はマネジメントです。ですから、管理会計を一言で言えば「マネジメントのための会計」です。これは、私に言わせれば、マネージャーたる経営者、管理職にとっての必須科目です。

マネジメントにおいて最も重要と言ってもいい仕事は、意思決定です。正しい判断をするということです。サッカーの監督がそうであるように、プレーをしないマネージャーにとっては、意思決定こそが仕事です。

管理会計の役割は正にそこにあります。ですから、本書において制度の話はほとんど出てきません。管理会計で重要なのは、数字を使ってどうロジカルに考えるかということです。それこそが、戦略立案につながる管理職にとっての「会計思考」です。この際、「会計」という言葉は忘れていただいてもいいです。本書は、会社の数字を使って、定量的かつロジカルな意思決定ができるようになるための本だと思っていただいた方がいいでしょう。

実は、私自身、「会計思考」に悩まされた経験があります。本文でも述べていますが、私の社会人としてのスタートは一般事業会社のＩＴ部門でした。理系出身ということもあり、当時の私は会計の「か」の字も知りませんでした。しかし、システム導入は億単位のお金が動く世界です。担当役員からはいつも投資対効果を問われていました。売上高や利益という会計上の数字に対する効果です。

と同時に、会計的なことをもっともらしく言う人が周りにたくさんいました。今から思うと、大体間違っていたのですが、そんなもっともらしいことに煙《けむ》に巻かれるのがイヤで、会計を本気で勉強したのです。公認会計士になった後も最初からコンサルティングの世界に身を置き、制度的な財務会計ではなく管理会計に軸足を置いてきました。本書で取り上げたケースは、そんな私の経験もベースになっています。昔の私だったら間違えていたようなものばかりです。

みなさんも、それぞれのケースを頭に汗をかきながら読み進めてみてください。ありがちな間違いをして落とし穴に落ちることもあるかもしれませんが、読み進めた後は、戦略的な会計思考ができるマネージャーたる管理職への入り口に立っているはずです。

管理職3年目までに「会社の数字」に強くなる!
会計思考トレーニング

目次

第2章 ピザ屋はいくら損をした？

第3章

利益を増やすために、どう判断すべき？

第4章 管理会計をカタチにする

第5章 その投資はするべき？

第1章

管理会計は管理職の必須科目

1-1 「管理会計」は「財務会計」とは別物

❖そもそも管理会計とは?

「はじめに」で述べたように、本書は「管理会計」をテーマとした本です。
では、そもそも管理会計とは何でしょうか?

管理会計という言葉を聞けば、「会計」と名が付いていますから、会計の一分野であることは想像がつくと思います。

多くの方は、会計と聞けば決算書をイメージするのではないでしょうか。**制度に基づいて決算書を作成するための会計は「財務会計」**と呼ばれます。これが多くの人がイメージする「ザ・会計」です。管理会計はこれとは別のものです。会計には、大きく分けて、財務会計と管理会計という2つがあるのです。まず、このことからして、世の中ではよく知られていないように思います。

管理会計は、英語ではManagement Accountingと言います。このmanagementに「管理」という日本語を充《あ》てて、日本では昔から「管理会計」と呼ばれています。

しかし、ここで言うmanagementは「管理」とはニュアンスが違います。

管理と言ってしまうと、日常業務の管理というレベルに留まるようなイメージを持たれるのではないでしょうか。実際、多くの会社では、予算管理や部門別損益管理の仕組みを「管理会計」と呼んでいます。これらをやっていることをもって、「ウチも管理会計をやっています」と言う会社もあります。また、製造業などでは原価管理を「管理会計」と言っている場合も少なくありません。

それらは確かに管理会計ではあるのですが、Management Accountingのmanagementは、本来は「経営」という意味です。日常的な管理に留まらず、広く経営のために使う会計が、管理会計です。

ですから、「そもそも『管理会計』という呼び方が悪い。『経営会計』と呼ぶべきだ」と言う人もいます。「経営会計」がちょっと大げさだとするならば、managementをそのままカタカナにした**「マネジメントのための会計」**と言うのがいいかもしれません。

❖財務会計は港で待っている貴族のための会計

財務会計と管理会計を一言で言えば、それぞれ「制度に基づき決算書を作成するための会計」「マネジメントのための会計」ということになります。しかし、これだけではまだピンとこないと思いますので、両者の違いをもう少し説明しましょう。

財務会計の起こりは、１６０２年に設立された世界初の株式会社、オランダ東インド会社に遡《さかのぼ》ります。

東インド会社は香辛料などの東方貿易のために設立された会社です。１６００年にイギリス東インド会社が設立されたのが最初で、その後、フランスなどでも設立されました。

東方貿易のための航海には多額の資金が必要です。航海が失敗するリスクもあります。そのような多額のリスクマネーを誰か特定の人に出してもらうことはできません。そこで、お金を持っている人たちから少しずつ資金を調達し、ビジネスがうまくいったら出資額に応じて還元するという仕組みを作り出しました。これが、いわゆる所有と経営の分離であり、現在の株式会社の原型です。

こういうビジネスに出資をするのは経済的に余裕のある貴族などです。お金を出した貴族たちは、乗組員たちが東方貿易を成功させ、出資額以上のお金を返してくれることを期待しています。

しかし、港を出てしまえば、乗組員たちは出資者である貴族の目の届かないところに行ってしまいます。長い航海です。もしかしたら、寄る港寄る港で酒を買いあさり、ギャンブルに明け暮れているかもしれません。

それでは困るので、貴族たちは乗組員たちに航海中のお金の出入りを記録させ、港に戻ってきたら貴族に報告させる仕組みを作り、乗組員たちに課しました。

これが、財務会計です。

今日《こんにち》において行われていることは、基本的にこれと全く同じです。現在に置き換えれば、**貴族が株主、船長が社長、乗組員が従業員、乗っている船が会社**です。また、航海期間が会計期間です。現在の企業は半永久的に継続するという〝ゴーイング・コンサーン〟が前提になっていますから、人為的に会計期間を設定していますが、初期の東方貿易では航海ごとに清算していましたので、実際の航海期間が会計期間になっていました。

そして、**港に戻ってきたときに貴族に対して行う報告が、現在の定時株主総会における決算報告**です。定時株主総会のメインイベントは、決算報告に基づき、剰余金の分配に関して株主の承認を得ることです。剰余金の分配とはいわゆる配当です。配当とは、今までの航海で稼いだ利益を貴族間で山分けすることなのです。

このために使われる会計が財務会計です。

ということは、財務会計は誰のための会計かというと、港で待っている貴族のための会計だということです。

❖管理会計は乗組員のための会計

一方、乗組員たちは、そんな貴族たちとは置かれている立場がまるで違います。

乗組員たちは航海に出て大海原《おおうなばら》で戦い続けている人たちです。たとえば嵐がやってきたら、進路を変えるのか、航海そのものをやめるのか、判断しなければなりません。見知らぬ船が近寄ってきたら、真《ま》っ向《こう》勝負で一戦交《まじ》えるのか、逃げるのか、仲良くするのか、そういうことも判断しなければなりません。

嵐がやってくるというのは、現在の企業経営で言えばマクロ的外部環境の変化です。見知らぬ船が近寄ってくるというのは、思いもよらなかったライバル企業が出現したようなことです。

そうした変化に常に晒《さら》されていて、その都度《つど》、いろいろな判断、すなわち意思決定をしなければならないのが乗組員の置かれている立場です。

乗組員にとって有用な情報が、安全な港で結果を待っているだけの貴族のための情報と同じであるわけがありません。乗組員には乗組員ならではの情報が必要なはずです。

そうした情報を提供するのが、管理会計です。管理会計は乗組員のための会計です。乗組員にとっての海図や羅針盤《らしんばん》となる会計なのです。

財務会計は「外部報告目的の会計」、管理会計は「内部経営管理のための会計」と言われることがあります。この堅苦《かたくる》しい言い方が言わんとしていることも、ここまでの説明でよく分かると思います。

1-2 財務会計は意思決定に役立たない

❖〝努力の方向性〟を間違えたら、かえって状況が悪化する

管理会計は「マネジメントのための会計」です。ですから、本当の意味で管理会計と言えるかどうかの分かれ目は、意思決定に役立つかどうかです。意思決定とは進むべき方向を見定めることです。管理会計が、乗組員にとっての海図や羅針盤となっているかどうかが問題です。

企業のトップは、砂漠のど真ん中でどちらに進むべきかを常に問われているような状態です。道があればその中から選べばいいのでまだ楽ですが、砂漠ではまず道から作らなければなりません。

「こっちがオアシスだ！」と言って、全員を引き連れ、オアシスがあると信じる方向に全力疾走したとします。ところが、行ってみたら、オアシスではなく崖《がけ》だったらどうなるでしょう。全力で走れば走るほど、全員が勢いよく崖から落ちて死んでしまいます。

これが、進む方向を誤る、意思決定を誤るということです。

頑張ればいいというものではないのです。真面目《まじめ》に働けばいいというわけではないのです。

努力は確かに必要です。優れた結果を出す人、出し続ける人は、例外なく並々ならぬ努力をしています。努力が必要不可欠なのは間違いありません。

しかし、その前に重要なのは、**努力の方向性**です。

どっちに向かって努力をするかを間違えたら、どんなに努力をしても結果は出ません。出ないどころか、状況を悪化させることさえあります。崖に向かっての全力疾走がまさにそれです。

努力の方向性を見定めるのに有用な情報を提供することが、管理会計が意思決定に役立つということです。

❖バックミラーだけを見て、クルマを運転できるか？

気を付けなければいけないのは、**財務会計の数字に基づいて判断すると、知らない間に崖に向かって全力疾走しているということが起こり得る**ということです。なぜならば、財務会計は、港で待っている貴族に結果を報告するための会計であって、航海というプロセスをマネジメントするための会計ではないからです。

ある企業の社長と雑談をしているとき、その社長が「ウチの経理は、毎月きっちり月次決算書を作ってくれて、役員会でもそれを使ってるんだけど、正直言って、あの月次決算書というやつ、私の仕事にはほとんど役に立たないんだよねー」と言いました。

一般的に、月次決算は経営管理の基本であり、決算書は経営者にとっての重要な情報などと言われます。それなのに、その社長は「役に立たない」と言ったのです。

その理由を聞いたところ、その社長はこう答えました。

「だって、**月次決算書に基づいて経営をしろというのは、バックミラーだけを見てクルマ**

を運転しろと言われているようなもんだからねぇ」

私は「なるほどー」と唸《うな》りました。決算書の本質を突いているからです。

決算という仕事は、部外者から見れば、何やら専門性の高い難しそうなことをやっているように見えるかもしれません。確かに、決算書を作成するためには会計制度を熟知していなければならないので、一定の専門性が求められるのは事実です。

しかし、やっていることの本質は極めてシンプルです。**決算とは、過去の事実を取りまとめること**です。

なぜ過去の事実を取りまとめる必要があるかというと、それは決算書の利益とは何かということと密接に関係しています。

決算書の利益は、本当に多くの人が一喜一憂《いっきいちゆう》するものですが、あれは何だと思いますか？

決算書の利益という数字は何に使われる数字なのでしょうか？

決算書の利益には、制度上、2つの意味しかありません。

1つ目は、税金計算の基準値です。企業が納めるべき法人税などは、決算書を作成しなければ計算できません。

2つ目は、配当計算の基準値です。配当とは、今までの航海で稼いだ金銀財宝の山分けです。そのための基準値が利益だということです。

ここで「基準値」と言ったのは、ある思惑《おもわく》のもとに計算させられた数字に過ぎないからです。**制度には必ず作り手の思惑があります。**

税金計算の基準値を定めているのは、税法という制度です。税金とは要は年貢《ねんぐ》ですから、税法の思惑は、いかに民《たみ》からガッツリ年貢を徴収《ちょうしゅう》するかというところにあります。たまには減税もしてくれますが、いずれにしても政治・政策と密接不可分の極めて人為的なルールです。だから、政治的に重視することが毎年変わるのに伴って、税法も毎年変わるのです。そんな毎年コロコロ変わるルールに従って計算された数字が、企業の経済的実態を表しているわけがありません。

配当計算の基準値を定めているのは、会社法という制度です。会社法の根底にある立法趣旨は債権者《さいけんしゃ》保護です。

配当は株主という資金提供者に対するキャッシュの流出です。これが過度に行われるとキャッシュが減少しすぎて、もう一方の資金提供者である債権者に対する弁済《べんさい》能力が弱まってしまいます。そうならないように、配当には上限が設けられています。その上限値としての役割を担《にな》っているのが利益という数字なのです。

ここまでのところで、まず一つ重要なことが分かります。**決算書の利益を見ても、その企業のビジネスがうまくいっているかどうかは必ずしも判断できない**ということです。なぜならば、決算書の利益を見たらビジネスの良《よ》し悪《あ》しが判断できるようにしようという思惑は、制度のどこにもないからです。

そして、民から年貢を徴収するためには、過去の事実として民がどれだけ稼いだのかを確定する必要があります。貴族間で金銀財宝を山分けするためには、過去の事実として今までの航海でどれだけ金銀財宝を稼いだのかを確定する必要があります。だから、決算という手続きによって過去の事実を取りまとめる必要があるのです。**財務会計の最大のミッションは、過去の利益の確定**なのです。

これが、先ほどの社長が言った「バックミラー」の意味です。決算書に映し出されているのは、すべて通り過ぎてきた過去の風景です。しかし、**経営者が見たいのは「これから**

どっちに進むか」という、フロントガラスから見える風景です。それが財務会計では全く見えないのです。

それなのに、財務会計ベースの決算書をそのまま役員会や経営会議で使っている会社がほとんどではないかと思います。それは「会計と言えば決算書」だと思っているからです。

決算書、すなわち多くの人が「これぞ会計」と思っている財務会計は、正しい意思決定には使えません。財務会計情報に基づいて判断すると、知らないうちに崖に向かって全力疾走ということをやりかねないのです。

❖会社の数字に強くなりたければ管理会計を学べ

よく、「私、数字には弱いんですよ」と言う人がいます。そういう人に限って、『決算書の読み方』みたいな本を読んだりしています。しかし、それでは数字に強くなりません。

そもそも「数字に強い」とはどういうことでしょうか。それは、「足し算・引き算が速く正確にできる」などというような小学生レベルの話ではないはずです。

立派な大人であるビジネスパーソンが言う「数字に強い」の意味は、「数字を使って正しい判断ができる」ということのはずです。それができるようになるために必要なのは管理会計です。制度的な決算書を学ぶことではありません。

確かに、決算書は読めた方がいいです。ただ、そのために会計制度について細かく知っている必要は、少なくとも一般のビジネスパーソンにはありません。その必要があるのは、経理のようなごく限られた職種の人だけです。

それに対して、**管理会計は乗組員のための会計ですから、少なくとも数字を使って少しでも何らかの判断をする必要がある人は、全員学ぶべきもの**です。数字を使って少しでも何らかの判断をする必要がある人とは、少なくともホワイトカラーであれば全員です。

❖もっともらしい言い分はたいてい間違っている

私は元々筋金入りの理系で、最初はＩＴ関連の仕事をしていました。そんな私が会計の道に進んだきっかけの一つは、もっともらしいことを言われて煙に巻かれていたサラリーマン時代の原体験にあります。

システム導入や業務効率化の際には、必ずお金のことが問題になります。多くの人は「このシステムを導入すればこれだけコストが削減される」というようなことを言い、そしてみんな、その説明に納得している風なのですが、その試算がどうも怪しげだったりするのです。

また、システムの取り換えを検討した方がいいのではないかという話が上がると、「償却がまだ終わっていないからダメ」というようなことを言う人もいました。「償却が終わっていないからダメ」というフレーズ自体は、何だか専門的な香りがしてカッコはよかったのですが、正直、それでなぜダメなのかは分かりませんでした。それでも、周りのエライ人たちは「うむうむ」と分かった風でいたので、そういうものかと思っていました。

どこの会社にも、こういうもっともらしいことを言う人が（おそらく、たくさん）います。

当時の私は、こういうもっともらしい言い分の意味がほとんど分からず、分かっていないのに分かったふりをするのも嫌になり、本当のところを自分の頭で理解したいと思うようになりました。そして、会計をちゃんと勉強しようと思うようになりました。

自分の頭で考えられるようになった今から思えば、もっともらしい言い分のかなりの部分は間違っています。**多くの会社では、そういう間違いが、間違いだと誰も分からないまま、その会社の考え方として定着してしまいます。**これは本当に不幸なことであり、危険なことです。

そうならないためにも、全ビジネスパーソンに管理会計を学んでほしいと思うのです。

1-3 KPIを決めるのも管理会計の役割

❖最後に物を言うのは行動

努力の方向性がある程度見えたならば、最後に物を言うのは行動です。当然のことながら、行動しなければ何も起こらないからです。

ところが、多くの人は「分かっています」と言うだけです。「そんなことは言われなくても分かっていますよ」と言いながら、何も行動しません。**どんなに分かっていても、行動しなければ何も起こりません。**

私は仕事柄《がら》、多くの企業の多くの方とお話をする機会がありますが、大体の人は自分の組織の問題点が分かっています。「ウチの会社、こういうところが問題なんですよねぇ」

とおっしゃるその内容は、客観的に見ても「そうだろうな」と思うことだらけです。みなさんも、自分の組織の問題点を挙げろと言われたら、いくつかはすぐに挙げられるのではないかと思います。

一人ひとりはちゃんと分かっているのですが、これが集団化し組織となると、巨大な鉄球の如《ごと》し。ゴロゴロと動いている鉄球は惰性《だせい》でそのまま動き続け、止まることも方向を変えることもできなくなります。

たとえば、品質偽造もデータ改竄《かいざん》も、やっている本人はそんなことをやってはいけないことぐらい当然分かっているはずです。それなのに、組織となると誰も止められなくなるのです。

そして、大体は行き着くところまで行ってしまいます。最悪は倒産です。倒産まで行かないとしても、不正が明るみに出て社会的な大問題となり、企業のブランド価値が大きく傷付き、その後何年にもわたって業績不振にあえぐことになったりします。

組織には必ず問題があります。問題のない組織などありません。働いていれば不平も不満もあるでしょう。そのときに取り得る選択肢は、私は2つだけだと思っています。不満の対象である組織を変えるか、自分が変わるかです。自分が変わるとは、その組織を辞めるということです。

その組織に居続けるのに組織を変えようとせず、不平不満だけは言い続けるというのは、最もカッコ悪い選択肢です。

❖行動はKPIで決まる

行動に対して、ほぼ決定的な影響を与えるのがＫＰＩです。

ＫＰＩはKey Performance Indicatorの略で、直訳すれば「主要業績指標」です。**何をKPIにするかも、管理会計の重要な役割**です。

ＫＰＩというカッコつけた言い方をすると難しく聞こえるかもしれませんが、要するに人や組織の業績を評価するための何らかの指標ということです。どこの会社でも使っているものです。

たとえば、営業部門の人は売上高で評価する、各部門の業績は部門ごとの営業利益で評価する、というようなことです。

このKPIが、なぜ行動と関係があるのでしょうか。

何らかのKPIを定めるというのは、採点基準を設定しているようなものです。たとえば「営業の人たちは売上高で評価します」というのは、いくらでもあり得る指標の中から「売上高」を選び、その売上高で所定の数字をあげたならば、人事考課においてプラスに評価しますという宣言です。それは、売上高が営業の人たちにとっての採点箇所だと言っていることになります。

KPIは採点基準であるがために、行動に大きな影響を与えるのです。**人は採点基準通りに行動する**からです。

スポーツなどはその分かりやすい例でしょう。たとえば柔道では、投げられた選手は空中で身をよじらせ、顔面から落ちてでも、背中が畳に着かない行動をとります。それは、柔道の採点基準が、背中がどれだけきれいに畳に着いたかで一本、技ありを決めるというものになっているからです。だから、背中を畳に着けたくないあまりに顔面から落ちて流血する選手まで現れるわけです。

この顔面から落ちるという行動は、非常に愚かな行動だと思いませんか？　頭部は急所の一つである上に、鍛えようがありません。最も守らなければならない部位なのに、自らそこから落ちていったら、真剣勝負であれば死んで負けてしまいます。

この話のポイントは、ちょっと考えれば、それがいかに愚かな行動かということが、誰にでもすぐに分かるということです。よく考える必要など全くありません。それなのにそういう**愚かな行動をとってしまうのは、採点基準がそうなっているから**です。

人はかくも採点基準通りに行動するのです。

❖売上高がＫＰＩの営業はタクシーばかり使うようになる

営業の人たちを売上高で評価している企業は多いと思いますが、そういう会社の一つに、営業の人たちが日中から移動にタクシーばかり使っている会社がありました。さすがに営業部長は「電車が動いている時間から何でもかんでもタクシーはないだろ！　考えれば分かるだろ！」と言いました。

「分かるだろ！」と言われれば、電車が動いていることぐらい全員が分かっています。ただ、ＫＰＩは売上高です。コストは問われていませんから、「売上を上げればいいんだろ」という行動になるのです。

キレイごと抜きに言えば、世のため人のため会社のためと思って仕事をしている人はそうはいません。かなりの人は、自分がどう評価されるかという採点基準に従って行動をします。

「売上を上げればいいんだろ」という考え方がエスカレートすると、粉飾《ふんしょく》決算につながります。**ほとんどの粉飾決算の背景には、売上高や利益という財務的ＫＰＩに対する過度なプレッシャーがあります。**「売れるまで帰ってくるな！」などと言われたら、人はインチキをしてでも採点基準通りに行動しようとするのです。

❖残業を減らす声掛けより「正しいＫＰＩ」

多くの企業は「残業をしないで早く帰りなさい」と言います。しかし、なかなか残業はなくなりません。それもそのはずです。一方の事実として、残業代を支給するという制度があるからです。

残業代を支給するというのは、「時間だけで金銭的報酬を決めます」という採点基準を宣言しているということです。残業代の支給額に関して、残業でやった仕事のクオリティが問われることは、普通はありません。長時間働いたというその時間に対して、残業代が支給されます。

これもキレイごと抜きで言えば、人は生活のために仕事をしています。**長時間働いた方がお金をもらえるのであれば、人はダラダラと長時間働くに決まっています。**少なくとも、心の底から「さっさと仕事を終わらせよう」とは思いません。短時間で仕事を片付けたところで、金銭的なインセンティブは何もないからです。

かく言う私も、最初のサラリーマン時代は、やらなくていい残業をしては残業代をいただくということをしていました。少ない収入を増やすための唯一の変数が時間しかないわけですから、そういう行動になるわけです。スキルを高めても、仕事で成果を出しても、収入は増えません。収入を増やすための唯一の方法は長時間働くことなのです。

その後、私は外資系コンサルティング会社に転職しました。そこでは完全年俸制です。

毎月の給料は固定ですから、死ぬほど長時間働いたところで1円たりとも収入は増えません。年俸を上げたければ、スキルを高め、仕事で成果を出すしかありません。

　金銭的報酬の基準に時間という要素はどこにもありません。長時間働いても、「よく頑張ってるな」などと褒《ほ》められるような価値観もありません。仕事が遅い無能な奴と思われるだけです。

　こうなると、心の底から「さっさとやって、さっさと帰ろう」と思い、そう行動しました。仕事のスピードもアウトプットの量も、同じ人間とは思えないほど変わりました。

　年俸額はスキルと成果でダイナミックに変動しますから、年収を上げたければ、やるべきことはスキルを高めて仕事で成果を出すことです。これは会社にとってのあるべき行動とベクトルが一致しています。

「残業を減らしましょう」などというキレイごとを１００万回言うよりも、たった一つの正しいＫＰＩの方が、行動には決定的な意味を持つのです。

1-4 管理会計の良し悪しがビジネスそのものを左右する

❖正しい〝努力の方向性〟に向かって背中を押してくれるか

「マネジメントのための会計」という意味での本当の管理会計と言えるかどうかは、結局、正しい意思決定に役立つかどうかということと、行動管理に役立つかどうかということです。言い換えれば、**努力の方向を見極めることに役立ち、その見極めた方向に背中を押してくれる仕組みかどうか**ということです。

管理会計という言葉を使っているかどうかはさておき、数字を使った管理の仕組みはどこの会社にも必ずあるはずです。それがその会社の管理会計です。

多くの会社の管理会計は、意思決定と行動管理に役立っていません。それどころか、正

しい意思決定と正しい行動を邪魔していることが少なくありません。崖に向かって走れという意思決定をさせ、あるべき行動を邪魔しています。

特に行動に関しては、「こうすれば会社のためになる」「こうすればお客様のためになる」と頭では分かっているのに、そういう行動がとれない、とりにくいと感じるとすれば、かなりの確率で採点基準たるＫＰＩが間違っています。簡単な話です。「そんなことやっても、別に給料増えないしな」と思ったら、誰がそんな余計な仕事をわざわざ増やすか、ということです。

❖管理会計は会社の数だけあっていい

財務会計と管理会計の特徴的な違いをもう一つ挙げると、**管理会計には拠《よ》って立つ制度が基本的にない**ということが挙げられます。

会計といえば、細かい制度が山ほどあるというイメージでしょう。確かに、財務会計には山ほど制度があります。しかし、管理会計にはないのです。会計でありながら制度がないというのはちょっと意外に感じるかもしれませんが、考えてみればこれは当然のことです。

財務会計は、港で待っている貴族に航海の結果を報告するための会計です。それ以前に、税金という、いわば航路の使用料を支払う必要もあります。いずれにしても、財務会計は外部の第三者に提出することが目的です。その意味で、会計の専門家は財務会計のことを「外部報告目的の会計」と言ったりもするわけです。

具体的な提出先は税務署であり株主総会です。上場会社であれば、潜在的な投資家に情報提供するために、広く世の中に開示もします。

税務署も株主も投資家も、多くの企業情報を見ることになりますから、すべての会社が同じルールに従って情報を作ってくれないと困ります。ですから、財務会計で重要なのは、みんなが同じルールに従うという一律性です。だから財務会計には制度が山ほどあるのです。

ところが、管理会計はマネジメントのための会計です。**マネジメントのためと言うからには、最終的には競争力に役に立たなければ意味がありません。**

競争力の源泉は何かというと、それは人と違うことをやることです。これだけ成熟した世の中で、これだけ多くの人が、これだけ同じようなことをやっているわけですから、人と違わなければ選ばれませんし目にも止まりません。

人と違うことをやるというのは一律性とは真逆です。だから、管理会計に唯一のルールなどあるわけがないのです。

拠って立つ制度がないということは、管理会計は会社の数だけあっていいし、管理会計は会社の数だけあるべきなのです。だから、**管理会計にはオリジナリティが求められますし、それを担う人にはクリエイティビティも求められます。**

財務会計にはオリジナリティもクリエイティビティも要《い》りません。「ウチの会社だけはこういう利益を開示しよう」などと変にオリジナリティを出されたら、逆に困ります。

会社がどういう管理会計の仕組みを構築したかは、ビジネスそのものの成否をも左右します。ここまで言うとちょっと大袈裟《おおげさ》に聞こえるかもしれませんが、大袈裟でも何でもありません。どういう管理会計かによって、努力の方向も具体的な行動も変わってくるのですから、考えてみれば当然のことです。

第2章

ピザ屋はいくら損をした?

2-1 「損」とは何か

❖何かと問題のあるピザ屋

では、意思決定に役立つ管理会計とはどのようなものなのか。それを実感していただくために、本章では次のケースを考えてみましょう。

毎月平均2000枚のピザを作っているピザ屋があります。ピザの販売価格は1枚800円です。

このピザ屋では正社員が2人働いており、人件費の合計は月40万円です。ピザの材料費は1枚300円で、

図表2-1 ピザ1枚当たりの利益

売上高	800円
売上原価（注）	600円
利　益	200円

（注）

材料費：	300円
人件費：40万円÷2,000枚＝	200円
固定経費：20万円÷2,000枚＝	100円
	600円

それ以外に店舗家賃などの固定的な経費が毎月20万円かかっています。

ピザ１枚当たりの利益は図表２－１の通りです。

お客様はあまり多くなく、時間的には余裕があります。また、１人のお客様が食べるピザは通常１枚です。お客様は食後に支払いを行います。

ここで演習問題です。


【演習問題１】

このピザ屋で次のことが起きました。
①ピザをお客様に出すときに１枚落としてしまったので、新たに作り直してお客様に出した。
②お客様が入ってきたのに、ピザ屋の飼い犬がうるさく吠えるので、お客様は注文す

ることなく帰ってしまった。

③お客様が注文後、待っている間にピザ屋の飼い犬がうるさく吠えたので、お客様は注文をキャンセルして帰ってしまった。ピザはもう作ってしまったので廃棄処分とした。

それぞれのケースの損失額はいくらでしょう?

❖よくある答え

この問題を企業研修やセミナーで扱うと、例外なくさまざまな答えが出てきます。

グループワークを行うと、いろいろな意見が出て、誰が正しいことを言っているのか分からず、収拾がつかなくなることがほとんどです。グループごとに何とか答えを一つに絞れたとしても、各グループの答えはバラバラです。

①のピザを落としたケースについてよくあるのは、次のような答えです。

●800円の売価に対して2枚分の原価（600円×2＝1200円）がかかっているので、損失額は400円。

●作り直したことによって1枚分の原価600円が余計にかかったので、損失額は600円。

②の犬がうるさく吠えるケースについてよくあるのは、次のような答えです。

●結局、作りも売りもせず、何も起こっていないので、損失額は0円。

●本来得られたはずの利益200円を逸《いっ》したので、損失額は200円。

さて、それぞれ、どちらの答えが正しいのでしょうか？　あるいは、どちらも間違っているでしょうか？

③の、ピザを作った後に犬がうるさく吠えたケースについては、よくあるのは次のような答えです。

●本来得られたはずの利益200円を逸したことに加えて、作ってしまったことによって材料費300円も無駄にしているので、その合計500円が損失額。

この答えは正しいでしょうか？

2-2 正しい意思決定のための3つのポイント

正しい意思決定をするためには、これから述べる3つのポイントが重要です。

第1のポイントは、比較対象を明確にすることです。

❖ポイント❶　比較対象を明確にする

第1章において、管理会計とは何かということを財務会計との対比で少々真面目に説明しましたが、簡単に言ってしまうならば、**管理会計とは損得学**です。商売人が商売人の感覚として、得をするのか損をするのかを判断するということです。

損得の判断は、「これは絶対的に損だ」「これは絶対的に得だ」と判断していることはほとんどないはずです。何かと比較して相対的に損得を考えることがほとんどです。
たとえば、「株を売ったら損をした」と言う場合も、暗黙のうちに買ったときの価格と比較しています。買ったときの価格と比較して、それより低い金額で売った場合に「損をした」と言うわけです。

一方、別の人が同じ株を売らずに持ち続けたとしましょう。その結果、株価がもっと下落してから売らざるを得なくなったとします。その場合、その人は先に売った人に対して「あいつはあそこで売って得したなぁ」と言うと思います。

このように、株を売るという全く同一の事象でも、何と比較するかによって損にも得にもなるのです。ですから、比較対象を明確にしないと損得は決まりません。

❖比較する対象は「あるべき姿」

ピザ屋の問題においていろいろな答えが乱れ飛ぶ理由の一つは、それぞれの比較対象が食い違っているか、そもそも比較対象など考えずに何となく何かを計算しているからです。

たとえば、①の答えとしてよくある「800円の売価に対して2枚分の原価（600円×2＝1200円）がかかっているので、損失額は400円」という答え。これは、次のように利益を計算したときに、利益がマイナス400円になるからだと思います。

利益＝売価－2枚分の原価
＝800－600×2
＝△400

では、仮にピザ1枚の原価が300円だったとすると、どうなるでしょうか。同じように考えれば、次のような計算になります。

利益＝売価－2枚分の原価
＝800－300×2
＝200

この場合、利益がプラスになりますから、「得をした」ということになります。しかし、ピザを落としているわけですから、得をしたとは誰も思わないでしょう。これなどが、比較対象を考えずに、何となく何かを計算している例です。

では、何を比較対象として損失を計算するといいのでしょうか？　みなさんは、ピザを落としたことを「損をした」と認識していると思いますが、それは、何と比較して「損をした」と認識しているのでしょうか？

言うまでもありませんね。比較しているのは、「ピザを落としていない場合」です。

損得を考えるときの比較対象は「あるべき姿」です。ピザは落としてはいけないし、飲食店で犬がうるさく吠えてはいけません。そのあるべき姿との差が損失です。

❖「あるべき姿」が変われば答えも変わる

ピザ屋の問題に対して、「これは考え方によって答えはいろいろだよ」と、出題の仕方が悪いと言わんばかりに考えることをやめてしまう人が時々います。

しかし、**考え方によって答えが変わるわけではありません。答えが変わるとしたら、それは比較対象によってです。**

もし、「ピザは落としてもいい」とするならば、結論は変わってきます。

「そんな『あるべき姿』、あるわけないだろ」と思うかもしれませんが、製造業はそういう考え方を普通にとっています。

製造は人間がやることですから、不良品率をゼロにすることは不可能です。ですから製造業では、ある程度までの不良品にかかる費用は、一定の良品を作るために必要な費用の一部として、良品の原価に含めています。つまり、一定程度までの失敗（＝ピザを落とすこと）はあるべき姿の範囲内としているわけです。

その代わり、不良品率が一定程度を超えたならば異常と判断して、製品原価とは別の損失として処理します。この損失は、あるべき姿（あるべき不良品率）をどこに定めるかによって変わってきます。

比較対象とするあるべき姿は、最終的には価値観にもよりますので、人それぞれ、企業それぞれです。だから「明確にする」ことが重要なのです。比較対象が変われば損得も変わってきます。

❖ポイント❷　要素に分ける

正しい意思決定のための第2のポイントは、可能な限り要素に分けることです。

①の答えとしてよく見られるもう一つの答え、「作り直したことによって1枚分の原価600円が余計にかかったので、損失額は600円」は、どうでしょうか？

**ここで「原価」と言っているものは、材料費、人件費、固定経費という、全く異なる性

質の費用の合計額として計算されたものです。全く異なるものをまとめて一つとして扱った時点で、簡単に落とし穴に落ちます。正しい意思決定はできません。これらの費用はまとめずに、個々の要素として扱わなければなりません。

これは言われてみれば当たり前に思える話かもしれませんが、実際には「言うは易《やす》し、行うは難《かた》し」です。なぜなら、図表２－１のような原価の内訳情報を手に入れることが実際には簡単ではないからです。一般的には「１枚当たり原価６００円」という情報しか目に入ってきません。

その結果、「１枚当たり原価６００円」という情報が独り歩きをします。そして、「１枚当たり原価６００円」と言われると、人は「１枚作れば６００円の費用がかかり、１枚作らなければ６００円節約できる」と思ってしまうのです。**人は、目に見えているカタチで物を考える**からです。

❖要素分解は独立変数だけを使う

要素分解の際に気を付けるべきことがあります。それは、独立変数だけを用いて分解するということです。

独立変数とは、他の変数に依存しない変数です。他の変数に依存する変数は従属変数と言います。

本ケースにおいては、売上高と費用はいずれも他の変数に依存することなく決まりますから、独立変数です。それに対して、利益は売上高と費用の差額ですから、売上高と費用の両方に依存している従属変数です。

独立変数と従属変数を混在させて計算すると、結果的に何の意味もない計算をしていることになりがちです。

たとえば、③のピザを作った後に犬がうるさく吠えたケースについて、「本来得られたはずの利益200円を逸したことに加えて、作ってしまったことによって材料費300円も無駄にしているので、その合計500円が損失額」という答えがよくあると述べました。この答えを聞くと、「なるほど、そういう考え方もあるかぁ」と妙に納得してしまうかもしれません。

しかし、これは独立変数である材料費と従属変数である利益を混在させているので、意味のない計算をしています。

この計算を、独立変数である売上高と費用だけで書き換えてみましょう。すると、次のようになります。

利益200＋材料費300
＝（売価800－材料費300－人件費200－固定経費100）＋材料費300
＝売価800－人件費200－固定経費100

つまり、ここでやっている「利益に材料費を足す」という計算は、本質的には、「売価から人件費と固定経費を引く」という計算をしていることになります。売価から人件費と固定経費だけを引いて出てくる数字は一体何を意味するかというと、全く何も意味しません。

ここではあえて独立変数と従属変数という少々難しい言葉を使って説明しましたが、ノウハウ的な言い方をするならば、**何かをやったことに伴う経済効果は売上高と費用だけで考える**ということです。利益を同時に考えてはいけません。

利益は、売上高と費用に対するインパクトを計算した後で、両者の差額として最後に計算するべきものです。

❖ポイント❸　変化する部分としない部分を見極める

正しい意思決定のための第3のポイントは、変化する部分としない部分を見極めることです。費用に関して言えば、**変動費と固定費という視点で費用を捉える**ということです。

そもそも**意思決定とは、複数の選択肢からいずれか一つを選ぶプロセス**です。どれか一つの選択肢を選んだら、残りの選択肢はすべて捨てる。それが意思決定です。

そのときにやることは〝間違い探しゲーム〟のようなことです。

たとえば、スマホの機種変更をしようと思ったとします。このとき、今持っているスマホと、新しく出た最新機種を比べるはずです。これが比較対象の明確化です。

次に、それぞれのスペックを比較するはずです。画面のサイズ、解像度、カメラの個数、バッテリーの持ち時間等々。これが要素分解です。

その上で、機種変更をするとどこが変わるのかという〝間違い探し〟をすると思います。それを踏まえて、最終的に機種変更するか、今のものを使い続けるか、いずれか一つを選ぶはずです。

間違い探しですから、やるべきことは変わる部分を見つけることですが、そのために重要なのは、**変わらないところを変わらないと認識する**ことです。

ところが、「ピザ1枚当たりいくら」という言われ方をすると、本当は変わらない人件費や固定経費がピザの枚数によって変わるように考えてしまいます。人は目に見えているカタチで物を考えるからです。

2-3 損失額はこう考える

❖ピザを落としたケース

それでは、ピザ屋の問題を3つのポイントに沿って考えていきましょう。

まず、①のピザを落としたケースです(図表2-2)。

ピザを落としたことを問題視していますから、比較対象とする「あるべき姿」は「ピザを落とさなかった場合」です。

要素は、売上高、材料費、人件費、固定経費です。このそれぞれについて比較対象と比べて、変化するかしないかを考えます。

図表2-2 ピザを落としたときの損失額は？

	ピザを落とした	ピザを落とさなかった	差額
売上高	＋800円	＋800円	0円
材料費	△600円	△300円	△300円
人件費	△40万円／月	△40万円／月	0円
固定経費	△20万円／月	△20万円／月	0円
合　計			△300円

売上高については、落としても落とさなくてもお客様にピザを販売しますから、どちらも800円の売上高が立ちます。したがって、差額は0円、すなわち変化なしです。

材料費は、落とさなければ1枚分の300円で済みますが、落として作り直す場合は2枚余分の材料費がかかりますから、300円×2枚分＝600円となります。したがって、差額として300円余計にかかります。

さて、問題はここからです。**「ピザを作り直したら人件費と固定経費は増えるのか」ということです。これらは増えませんね。**

人件費に関しては、もし残業代が発生する場合は増えますが、ピザを1枚作り直すだけで残業が必要とは考えられません。固定経費である店舗家賃に至っては、何枚作ろうが月額固定です。したがって、人件費と固定経費は変わりませんから、差額は0円です。ということは、トータル300円の損ということになります。

ここでは3つのポイントに沿って丁寧に説明しましたが、このケースに関しては、こんなに丁寧に考えなくても正解できる人は正解できると思います。ちょっと考えれば、ピザを落とした場合と落とさなかった場合の違いは、材料を余計に1枚分使っただけだということが分かるはずだからです。

それなのに、損失額を600円と答えてしまうのは、「売上原価」などという財務会計の知識が邪魔をしているのと、「1枚当たりの原価600円」というカタチを見せられているからです。

❖注文前にピザ屋の飼い犬がうるさく吠えたケース

次は②の飼い犬がうるさく吠えたケースです。

典型的な答えの一つとして、「結局、作りも売りもせず、何も起こっていないので、損失額は0円」という答えを紹介しました。

この答えは、ある見方では正解です。それは財務会計的な見方です。財務会計は過去の事実をそのまま記録する会計ですから、最初から暇で何も起こらなかった0円も、せっかくお店にきたお客様を飼い犬のせいで帰らせてしまって結果的に何も起こらなかった0円も、過去の事実をそのまま記録すれば、いずれも0円になるのです。

しかし、管理者のところに上がってきた情報が0円だったら、その管理者はどう思うでしょう。**損失額が0円ということは、「何も起こっていない」としか思いません。それでは然《しか》るべきアクションがとれません。**これではマネジメント上、何の価値もない情報になってしまいます。

そこで管理会計では次のように考えます。これは管理会計の特徴的な考え方です。言葉を換えれば、比較対象、すなわち「あるべき姿」を明確にするからこそ初めて出てくる考え方です。

図表2-3 注文前に飼い犬がうるさく吠えたときの損失額は？

	犬が吠えた	犬が吠えなかった	差額
売上高	0円	＋800円	△800円
材料費	0円	△300円	＋300円
人件費	△40万円／月	△40万円／月	0円
固定経費	△20万円／月	△20万円／月	0円
合　計			△500円

あるべき姿は、飲食店で犬がうるさく吠えないことです。犬が吠えなければ、お客様は帰らずにピザを食べたはずですから、８００円の売上高があったはずです。それが現実には０円になったわけですから、犬が吠えなかった場合と比較したら８００円の売上高を取り損《そこ》ねています。ですから、犬が吠えなかった場合と比較すると、売上高はマイナス８００円ということになります（図表２－３）。

後であらためて説明しますが、これは機会費用というものです。ただ、機会費用という概念を知っていたとしても、要素分解ができていないと、「損失は得られたはずの利益２００円」という答えになってしまいます。

図表２－３の材料費を見てください。犬が吠えな

図表2-4　ピザを作った後に飼い犬がうるさく吠えたときの損失額は？

	犬が吠えた	犬が吠えなかった	差額
売上高	0円	＋800円	△800円
材料費	△300円	△300円	0円
人件費	△40万円／月	△40万円／月	0円
固定経費	△20万円／月	△20万円／月	0円
合　計			△800円

ければピザを作って出したはずですから、材料費が３００円かかったはずです。ところが、犬がうるさく吠えたことによって、ピザを作る前にお客様に帰られていますから、材料費はかかっていません。したがって、犬が吠えなかった場合と比較すると、材料費は３００円節約できています。

人件費と固定経費は、①のケースと同様、全く変化しません。

結局、トータル５００円の損ということになります。

❖ピザを作った後に飼い犬がうるさく吠えたケース

最後は③の、ピザを作った後で飼い犬がうるさく吠えた場合です。

②と同じように犬がうるさく吠えていますが、違いはそのタイミングです。②は、ピザを作る前に犬がうるさく吠えてお客様に帰られていますが、③では犬がうるさく吠えたのはピザを作った後です。

比較対象は②と同じく、犬がうるさく吠えた場合です。それによって売上高800円を取り損ねたところまでは②と同じです(図表2-4)。

②と違うのは材料費です。犬がうるさく吠えなければピザを作って出したはずですから、ピザ1枚分の材料費300円を使ったはずです。犬がうるさく吠えた場合も、既にピザを作っていますから、ピザ1枚分の材料費300円を使っています。したがって、材料費の差額は0円、すなわち変わらないということになります。

人件費と固定経費が何も変わらないのは①②と同じです。

結局、トータルでは800円の損失ということになります。

2-4 管理会計特有の費用概念

ここで、ピザ屋のケースを使って、管理会計特有の費用概念をいくつか説明しましょう。

❖変動費・固定費

まず１つ目は、変動費と固定費です。
ピザ屋の例で言うと、材料費は変動費、人件費と固定経費は固定費ということになります。

これは言葉としてはよく聞くと思いますし、特別感もないと思いますが、この**変動費と固定費という費用概念は、財務会計、すなわち決算書の世界にはどこにもありません。**費用を変動費と固定費に分けることは正しい意思決定のための重要なポイントの一つですが、その概念が財務会計にはどこにもないのです。この事実だけでも、財務会計、すなわち通常の決算書情報は意思決定には使えないことが分かると思います。

財務会計にはない概念だということは、費用をあらためて分類しないと変動費と固定費は分からないということです。なぜならば、通常、会社には財務会計情報しかないからです。いわゆる管理業務と言われているものは、業務フローも帳票も、そしてシステムも、基本的に財務会計情報を集めるように作られています。たとえば、商品を出荷したとき、出荷伝票を起票してそれを経理に回すということが行われますが、この業務フローによって、売上高や売掛金《うりかけきん》という財務会計情報が会計システムに記録されます。

財務会計システムを中心に、管理業務を包括的《ほうかつてき》に統合したものが、ＥＲＰと呼ばれるシステムです。ＥＲＰは、周辺業務もモジュールとしてシステム化し、すべてをつなぐことによって、財務会計モジュールという、いわば情報のハブに財務会計情報がリアルタイム、もしくはそれに近い形で集まるようにしています。これが会社の管理業務というものですから、社内にあるのは、通常、財務会計情報だけです。

ですから、**変動費と固定費は事後的に分類する必要があります。**この分類を、**固変分解**

と言います。一般的には、勘定《かんじょう》科目ごとに変動費と固定費を分ける勘定科目法（または費目別精査法）と呼ばれる方法がとられますが、場合によっては最小二乗法という数学的な方法によることもあります。

❖埋没費用

2つ目の管理会計特有の費用概念は、埋没《まいぼつ》費用です。その定義は、**「意思決定に影響を与えない費用」**です。これは、考えてもしょうがいない費用ですから、意思決定においては考えないことが重要です。

ピザ屋の例で言えば、人件費や固定経費といった固定費は一般的に埋没費用になります。比較対象にかかわらず固定的に等しく発生しているため、意思決定に影響を与えないからです。

ただし、一般的に固定費に分類される費用でも、すべてが埋没費用になるとは限りません。たとえば、店舗の賃料は一般的に固定費に分類されますが、店舗の賃貸契約を変えられる権限を持っている人にとっては、賃料は変え得る費用なので、その人にとっては埋没費用になりません。

誰にとっても例外なく埋没費用になるのは、過去に発生した費用です。なぜならば、いかなる選択肢を選ぼうとも、タイムマシンがない以上、過去の出来事は変えられないからです。

この「過去の出来事は変えられない」という当たり前の事実を人はよく忘れます。たとえば、苦労して進めてきたプロジェクトが途中で打ち切りなどという話になると、「ここでやめたら今までの苦労が水の泡じゃないか！」と言って反対する人がいます。しかし、そのプロジェクトを続けるという選択肢をとっても、打ち切るという選択肢をとっても、今までの苦労も費用も取り戻せません。

考えるべきことは、プロジェクトを続ける場合と打ち切る場合のどちらの選択肢をとった方が今後のメリットが大きいか（またはデメリットが少ないか）という、これからのことだけです。

言うまでもありませんが、意思決定は未来しか変えられません。我々人間は、どんなに大きな失敗をしてしまったとしても、どんなに辛《つら》いことがあったとしても、今とこれからを生きるしかないのです。

埋没費用は、英語で言うとsunk costなので、「サンクコスト」とカタカナで書かれることもあります。sunkはsink（沈める）の受身形《うけみけい》ですので、直訳すると「沈められた費用」ということです。

sinkは「シンク」という日本語にもなっています。キッチンのシンクがそれです。ボコッと沈んでいるので、シンクというわけです。

❖機会費用

3つ目の管理会計特有の費用概念は、機会費用です。定義は、**「他の選択肢を選んでいれば得られたであろう利益」**です。「利益が費用」という、ちょっと変わった定義の費用です。

ここでの「利益」は、他で起こっている「いいこと」ぐらいの意味で捉えればいいでしょう。

イメージ的には「隣の芝生は青く見える」感覚です。こちらの芝生は荒れ放題で犬がうるさく吠えています。それに対して、隣の芝生は青々《あおあお》として、うるさく吠える犬もいなくて平和そのものです。その隣の芝生をこちらから羨《うらや》ましそうに眺《なが》めているイメージです。ピザ屋の例で言うと、犬がうるさく吠えたために得られなかった利益が、機会費用になります。

ピザ屋のケースを説明した際に、「８００円の売上高を取り損ねた」という言い方をしましたが、「取り損ねた」という言葉をそのまま表現した「逸失《いっしつ》利益」という言葉もあります。ただ、これは法務系の分野でよく使われる言葉だと思います。経済や経営の分野では、反対側から見て、「取り損ねた費用」と捉える方が普通です。

機会費用に関して意思決定上重要なことは、**機会費用は意思決定に含めて考えなければならない**ということです。これを含めないと、最初から暇で何も起こらなかった０円と、犬がうるさく吠えたせいでお客様を帰らせてしまった０円を区別できないからです。

第3章

利益を増やすために、どう判断すべき？

3-1 外注したらコストは下がるか？

❖自社だと製造原価100円、外注すると70円になるなら……

前章を踏まえて、本章ではさまざまなケースでどう意思決定すべきなのかを考えていきましょう。

まずは、次のケースです。

A社は複数の製品を自社工場で製造し、販売しています。

その中の一つ、製品Xの製造原価は1個当たり100円です。

コスト削減の観点から、製品Xの製造を全面的に外注することを検討しており、外注先候補企業のB社に打診したところ、1個当たり70円で請け負《う》う《お》と言ってきました。

外注する場合、A社は完成品Xを仕入れて、自社の製品として販売することになります。

【演習問題2】
A社はB社に製品Xの製造を外注すべきでしょうか？
あなたなら何と言いますか？

自社で製造している場合の製造原価が1個100円のものを、外注したら70円で作ってくれるならば、1個当たり30円もコストが下がります。これなら外注した方がいいに決まっています！

……と、考えそうですが、果たしてそうでしょうか？

ここでの正解は、「これだけでは分からない」です。

製造原価とは、原材料費や人件費、その他さまざまな費用が集計されたものです。その

内訳が分からなければ、外注によってなくなる費用となくならない費用が判断できません。

正しい意思決定のための3つのポイントに照らして言えば、3番目の「変化する部分としない部分を見極める」ということをするために必要な2番目のポイント、「要素に分ける」ということができていないということです。

実務においては、「1個当たりの製造原価は100円」と言われると、とにかくこの数字が独り歩きします。そして、100円と70円を比較して、70円の方が安いからコストが下がると考えてしまいます。製造業の製造部門の人でさえ、そのように考える人がたくさんいます。

ここでは、「これだけでは分からないので、製造原価の内訳を教えてくれ」と言うのが正解です。

【演習問題3】

製造原価の内訳を聞いたところ、図表3-1のようになっていることが分かりました。

直接材料費は製品Xの原材料費、直接労務費は製品Xの製造に直接携《たずさ》わる正社員の人件費です。製造間接費は、工場の減価償却費や火災保険料など、工場全体で発生する費用を製造時間に基づいて配賦《はいふ》したものです。

製造間接費は工場全体でほぼ固定的に発生していますので、製品Xという一つの製品を外注しても、その総額はほとんど変わりません。

内訳が分かったところで、さて、A社はB社に外注すべきでしょうか？


ここで比較するのは、内製する場合と外注する場合です。問題は、外注した場合になくせる費用はどれかということです。

よくある答えは次のようなものです。

「製造間接費は製品Xを外注しても総額がほとんど変わらない。

一方、直接材料費60円と直接労務費30円は製品Xの製造に直接発生しているということだろうから、製品Xの内製をやめればこの2つの費用はなくせる。すなわち、1個当たり60円＋30円＝90円が削減できる。

したがって、1個70円で外注することによってコストが削減できる」

図表3-1 製品Xの製造原価の内訳

直接材料費	60円
直接労務費	30円
製造間接費	10円
合　計	100円

果たしてそうでしょうか？

❖解雇しないのなら直接労務費の削減はできない

製品Xを外注すれば、製品Xの製造に携わっていた人たちはやることがなくなりますから、他の仕事をやることになるでしょう。場合によっては他部署に異動ということになるかもしれません。

異動ということになれば、その人たちの労務費は異動先の部署に計上されますから、従来の部署からはなくなります。従来の部門長の管理責任からも外れますので、部門長の立場としてもその人たちの労務費はなくなるように見えるでしょう。

しかし、**異動しても、労務費の発生場所が変わるだけで、全社的に見れば労務費はなくなりません。**社長目線で見れば労務費は何も変わらないのです。

労務費がなくなると言いたいのであれば、解雇を前提にする必要があります。

コストを考えるときには、何がコスト・ドライバーかを考えることが重要です。コスト・ドライバーとは、コストの発生源のことです。

直接材料費のコスト・ドライバーは製造量です。ですから、外注によって社内での製造量がゼロになれば、直接材料費はなくなります。

一方、直接労務費のコスト・ドライバーは、その人を雇用している事実です。ですから、直接労務費はその人を解雇しない限りなくならないのです。

したがって、答えは前提によって変わります。

製品Xを製造していた人たちを解雇しないのであれば、外注によって削減される1個当たりの費用は直接材料費の60円だけです。外注すると1個当たり70円かかるので、コスト削減にはなりません。

解雇するのならば、外注によって削減される1個当たりの費用は直接材料費の60円と直接労務費の30円の合計90円ですから、外注によってコスト削減となります。

ここで**重要なのは前提と結論の整合性**です。製品Xを製造していた人たちを解雇せず、異動させるという前提では、コスト削減という結論にはなりません。

❖「直接費」「間接費」という言葉に惑わされてはいけない

「外注によって直接労務費が削減される」と考えた人の中には、直接労務費の「直接」という言葉に惑《まど》わされた人がいるかもしれません。「直接労務費ということは、製品Xに対して直接的に発生しているということだろうから、製品Xの製造をやめればその労務費はなくなる」と考えてしまうのです。

こう考えるのは、直接費と変動費を混同しているからです。**直接費と変動費は似て非なるもの**です。

変動費と対《つい》になるのは固定費です。

変動費と固定費は、何かの変化に対して変化するかしないかで分類された費用概念です。「何かの変化」は、何の断りもない場合は売上高とするのが一般的です。ですから、一般的には、**売上高の変化に対して変化する費用が変動費、変化しないのが固定費**と言えます。

それに対して、直接費と対になるのは間接費です。

直接費と間接費は、費用の集計対象に対する因果関係を直接的に把握できるかできないかで分類された費用概念です。

たとえば、多くの材料は、ある製品を製造するのにどれだけ消費するかが明確ですから、材料費は製品という費用の集計対象に対して因果関係を直接把握できます。ですから、材料費は一般的に直接費です。

それに対して、工場の建物に掛けられている火災保険料などは、その工場で製造されている各製品に対してどういう因果関係にあるのか、誰にも分かりません。このような費用を間接費と言います。「製造間接費」は、製造で発生するいろいろな間接費の合計です。

間接費は、費用の集計対象に対して因果関係がよく分からないので、配賦という手続きによって集計対象に計上します。

「固定費だから配賦する」と言う人がいますが、この言い方は正しくありません。ただ、直接費の多くは変動費であり、間接費の多くは固定費なので、変動費・固定費と直接費・間接費の区別については、そんなに神経質にならなくてもいいかもしれません。

とはいえ、似ているということは、違いがあるということでもあります。

重要な違いがあるものの一つが直接労務費です。

ある製品の製造だけを行っている人の労務費は、その製品に対して明確に紐付《ひもづ》けることができるので、直接費です。しかし、固定費であって変動費ではありません。

直接労務費は、時間当たり賃率×作業時間のように計算されることが多いので、なおさら、作業時間が変化すれば労務費が変動するように思いがちです。そのような計算は、便宜上、そのようにしているだけです。その人の労務費自体は、その人が会社にいる限り、働こうか働くまいが発生し続ける固定費です。

❖人手が浮いた効果は機会費用で考える

製品Xの製造をB社に外注しても、解雇をしないのなら、削減できる費用は60円。B社が製造した場合の製造原価は70円なので、コスト削減にならないと述べました。

確かに、製品Xの製造をやめて、製品Xの製造を担当していた人たちを他の部署に異動させても、労務費はなくなりません。

しかし、異動先が営業部だったらどうでしょうか。営業部に行けば、今まで回れなかったお客様を回れるようになり、売上高の増加が見込めそうです。

このような場合は、どのように考えたらいいでしょうか？

ここで思い出していただきたいのが、前章で説明した機会費用です。

今、その人は製品Xの製造をしているために、営業部に行ったならば得られるであろう売上高を取り損ねている状態です。

これが、〝人手が浮いた〟ことによる効果の考え方です。
人そのものを削減しないのであれば費用の削減は見込めませんから、営業部だろうとどこだろうと、異動の効果は費用の削減では測れません。効果があるとすれば、**浮いた人を他の業務に振り向けたときの売上高の増加**です。これが機会費用です。人手が浮いた効果は、費用削減ではなく、売上高の増加でしか測れないのです。

以前、米国企業がアウトソーシングの効果を機会費用で説明しているのを聞いたことがあります。私は、彼らがあまりにも当たり前のように機会費用という概念を使ってアウトソーシングの効果を説明することにビックリしました。日本企業では、まず見られないからです。

その差は、論理的に考える習慣の違いや管理会計の浸透度の違いに加えて、ジョブ型とメンバーシップ型という雇用形態の違いにもあるように思います。

ジョブ型では、ジョブというやるべきことありきで、「やるべきことがあるから、それに人をアサインする」という順番で考えます。やるべきことがなくなればレイオフ(解雇)です。このような考え方ですから、その人がそのジョブをやることの経済効果をシビアに考えるのだと思います。

それに対して、メンバーシップ型では、会社というコミュニティのメンバーであることが最も重要視されます。ですから、人ありきで、「人がいるから、その人に仕事をアサインする」という順番で考えます。野球は本来9人でやるものですが、「今15人いるから、サードは2人、センターは3人で守って」というようなことを普通にやるということです。仕事があってもなくても人がいることが大前提なので、誰が何をやったらどういう経済効果が出るかということを考える習慣が希薄なのだと思います。

外注のケースでは、「浮いた人は他の業務ができるようになるから、それでいい」と言う人も少なからずいます。これもメンバーシップ型ならではのボヤっとした考え方です。

他の業務ができるようになるというだけでは、何の経済効果も出ません。重要なのは、**新しい業務をやることによって、どういう売上高の増加が見込めるか**です。

❖外注についての誤解はたくさんある

本節で説明したような外注やアウトソーシングに関する誤った考え方は、そこら中で見られます。

あるセミナー会社での話です。その会社は、セミナーの分野ごとに部門が分かれており、部門ごとに損益管理をしていました。社内に複数のセミナールームがあり、1時間当たりの使用料が定められています。各部門は、セミナーごとにセミナールームの使用料を費用として計上します。

この使用料が必ずしも安くありません。外部の貸会議室の賃料の方が安いこともあるので、部門の利益を出すために、社内のセミナールームが空《あ》いていても外部の貸会議室を使うということが常態化していました。

ところで、セミナールームの使用料は、どのようにして計算されたものでしょうか。

その会社では、セミナールームにかかる年間費用を年間の予定使用時間で割って計算していました。セミナールームにかかる費用とは、会社が入っているビルの賃料や光熱費などを、セミナールームが占める面積比率で割り出したものです。

ということは、使用料の元となっている費用はすべて、セミナールームを使っても使わなくても常に発生する埋没費用です。

これが、セミナールームの使用料の正体でした。

一方、外部の貸会議室を借りた場合の賃料は、キャッシュ・アウトを伴う追加費用です。会社全体で見れば、貸会議室を借りることによって、わざわざキャッシュ・アウトを増やしているのです。したがって、会社にとって望ましいのは、できるだけ社内のセミナールームを使うことです。

判断を誤ってしまうのは、各部門にとっては外部の貸会議室を使った方が計算上の費用が下がるように見えるからです。しかし、これはあくまでも管理目的で計算された仮想的な費用であって、実際の費用ではありません。その事実が、各部門には見えないのです。

外部の貸会議室を借りた方が、自分たちの評価尺度である部門別利益がよくなるなら、外部の貸会議室を借りるのは当然です。人は採点基準通りに行動するのです。

❖あるべき行動との整合性がとれているか

このケースに限らず、社内の設備などに対して使用料を設定している例はよくあります。たとえば社内で利用する会議室に対して使用料を設定している場合もあります。

会議室に設定されている使用料も、その元となっている費用は埋没費用です。**会議室に使用料を設定している狙いが会議時間を減らすことにあるならば、会議室に使用料を設定することはあるべき行動と整合します。**自部門に計上される会議室使用料という費用が増えないように、会議時間を減らそうとするはずだからです。

しかし、先ほどのセミナー会社のように、わざわざ外部に貸会議室を借りるような行動に出るようなことがあれば、会社としては費用を増加させる結果につながります。

ただし、先ほどのセミナー会社と同様に、**会議時間を減らせば費用を削減できたように勘違いするリスクもあります。**会議時間を減らしても、そこに会議室がある限り（もっと言えば、会議室のある建物を使っている限り）、会社全体の費用は何も変わりません。

共通して重要なことは、設備などを使っても使わなくても会社としての費用は変わらないということです。その大前提のもと、それでもセミナールーム使用料や会議室使用料のようなＫＰＩを使うならば、それがあるべき行動とベクトルが合っているかどうかが問題だということです。

3-2 原価割れでも受注すべき?

❖原価2万円の製品を1万7500円で買いたいという顧客からの連絡

今度は、次のケースを考えてみましょう。

C社では、製品Yを受注製造し、1個2万5000円で販売しています。

製品Yの1個当たり原価は2万円で、その内訳は図表3－2のようになっています。

図表3-2 製品Yの1個当たりの原価の内訳

直接材料費	14,000円
直接労務費	4,000円
製造間接費	2,000円
合　計	20,000円

直接材料費は、製品Yの製造に用いる材料の費用です。直

接労務費は、製造に直接携わる正社員の人件費です。製造間接費はすべて固定費とみなせます。

【演習問題4】

今、新しい顧客から製品Yを1個発注したいとの問い合わせがありました。ありがたい話なのですが、この顧客は「1個2万5000円はちょっと高いので、30％引きの1万7500円で売ってくれないか」と言ってきました。

この顧客からの注文は受けるべきでしょうか？

なお、C社の生産能力には余裕があり、この顧客からの注文は現在の生産能力の範囲内で対応できる状況です。

❖これで売ったら原価割れだが……

製品Yの原価は2万円なので、顧客の要求通り1万7500円で売ったら原価割れです。粗利《あらり》の段階で赤字になりますから、売れば売るほど赤字が膨《ふく》らむだけです。

……と、多くの人は言います。果たして、原価割れでは売ってはいけないのでしょうか？売れば売るほど赤字が膨らむのでしょうか？

これも、正しい意思決定のための3つのポイントに沿って考えてみましょう。

まず、比較するのは、言うまでもなく、注文を受ける場合と受けない場合です。要素分解では原価も要素に分けて、売上高、直接材料費、直接労務費、製造間接費の4つに分けます。

その上で、何が変わるか、変わらないかを見ていきましょう（図表3-3）。

受注しなければ売上高は0円ですが、受注すれば、満足のいく水準ではないかもしれま

図表3-3　原価2万円の製品Ｙを1万7,500円で受注すると…

	受注しない	受注する	差額
売上高	0円	17,500円	＋17,500円
直接材料費	0円	△14,000円	△14,000円
直接労務費	(総額不変)	(総額不変)	0円
製造間接費	(総額不変)	(総額不変)	0円
			＋3,500円

せんが、１万７５００円の売上高が立ちます。

直接材料費は、受注製造なので、受注しなければ製造もしませんから、発生しません。受注すれば製造するので、１万４０００円発生します。

直接労務費と製造間接費は、生産能力に余裕がありますから、受注してもしなくても総額は変わりません。

ということは、図表３－３から分かるように、受注しないより受注した方が、売上高も直接材料費も増える結果、利益は３５００円増えます。赤字が膨らむどころか、利益が増えるのです。

もちろん、値下げしたことが他の顧客に知られる心配や値崩れのリスクはありますが、そのようなリスクに対する対策を講じるとすれば、受注しないより受注した方がいいということになります。

❖限界利益がプラスなら受注した方がいい

ここまでの話を少し理論的に一般化しておきましょう。

受注することによって追加で得られる利益3500円は、売上高から直接材料費という変動費だけを引いた利益になっています。この利益を**限界利益**と言います。式で書くと次の通りです。

限界利益＝売上高－変動費

限界利益の「限界」という言葉は分かりにくい日本語だと思います。

ここでの「限界(的)」という言葉は、「変動的・追加的」というニュアンスを持った言葉です。

ちなみに、全くの余談ですが、なぜ「限界」などという言葉が使われているかというと、極限（＝限界）における微小な変化を表す微分の考え方が背景にあるからです。だから、「変動的・追加的」というニュアンスになるのです。

数学がお得意な人は、こういう説明のほうがむしろ腑《ふ》に落ちるかもしれませんが、「ビブン⁉」と思われた人は、完全にスルーしていただいて結構です。

微分などという小難しい話よりも重要なことは、限界利益の変動の仕方です。

限界利益は、その変化の仕方が売上高の変化に正比例するように変動します。正比例とは、売上高が10％増えれば限界利益も10％増え、売上高が倍になれば限界利益も倍になるということです。

決算書に登場する利益はそうはいきません。営業利益も経常利益も当期純利益も、売上高の変化に対して正比例することは一般的にありません。なぜならば、どこかで知らないうちに固定費が引かれているからです。

売上総利益だけは、業種によっては正比例するとみなせる場合もありますが、少なくとも製造業ではやはりダメです。売上原価の元となる製造原価に相当程度の固定費が含まれているからです。本ケースがまさにそれです。

本ケースに話を戻しましょう。

ここで重要なことは、限界利益が３５００円とプラスであることです。限界利益がプラスということは、受注しないより受注した方が変動的・追加的利益がプラスということです。ですから、受注しないより受注した方がいいという判断になります。

❖何らかの費用の回収に貢献するのが「貢献利益」

売上高から変動費だけを引いた利益は、**貢献利益**とも言います。式で書くと次の通りです。

貢献利益＝売上高−変動費

多くの書籍では、「売上高から変動費だけを引いた利益を限界利益または貢献利益とい

図表3-4 貢献利益

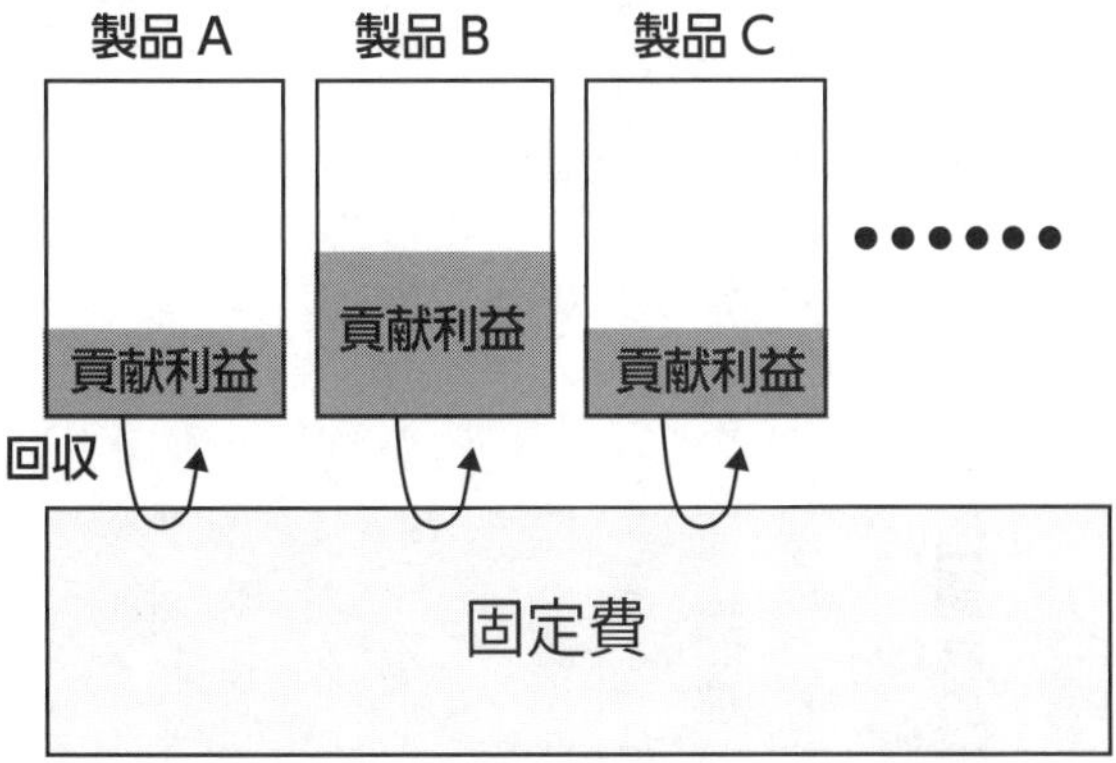

う」というように、同じものの言い方が2種類あるような書き方がされていますが、言葉が違う以上、概念が違います。

貢献利益の「貢献」はどういう意味かというと、固定費の回収に貢献するという意味です。図表3－4のようなイメージです。

ピザ屋の例で言えば、人を雇い、店舗を借りた以上、人件費と賃料は常に発生します。固定費は、寝ても覚《さ》めても遊んでいても、組織に常にドーンと横たわっています。これを、ピザを作って売るごとに、ピザ1枚の個別利益が回収してくれるというイメージです。ピザ1枚の個別利益とは、ピザの売価から材料費という変動費だけを引いた利益です。それが貢献利益です。

貢献利益の本来の意味に基づけば、何らかの費用の回収に貢献する利益はすべて貢献利益と言えます。したがって、貢献利益と限界利益は同じものではなく、貢献利益の方が広い概念です。一般的に、貢献利益が回収すべき費用が固定費であることが多いので、結果的に貢献利益と限界利益が一致することが多いだけです。

今回のケースのポイントは、やはり貢献利益がプラスであることです。**新たに現れた顧客の貢献利益がプラスということは、たとえその利幅が小さかったとしても、受注しないより受注した方が固定費の回収に間違いなく新たに貢献します。**ですから、受注しないより受注した方がいいという判断になるわけです。

❖撤退条件の考え方と原価割れの意味

本ケースから学べる一般論は、撤退条件の考え方です。

多くの人は原価割れを非常に嫌います。原価割れをしたら絶対に利益が出ないと思い、粗利がマイナスだと売れば売るほど赤字の上塗《うわぬ》りだと思うからです。

粗利とは財務会計の損益計算書において売上高のすぐ下に出てくる売上総利益のことです。損益計算書でこんなに上の方にある利益がマイナスだったら、売れば売るだけ赤字が膨らむだろうと思い、「原価割れになったら、そのビジネスはやめるべきだ」と多くの人が思うわけです。

しかし、本ケースから分かることは、**原価割れでやめるのはまだ早い**ということです。

では、いつが本当のやめどきかというと、それは限界利益・貢献利益がマイナスになったときです。

限界利益の概念で説明すれば、限界利益がマイナスということは、やればやるだけ追加的・変動的な利益がマイナスということですから、これが本当の赤字の上塗り状態です。

では、原価割れとは何なのでしょうか？

図表3-5 原価割れの意味

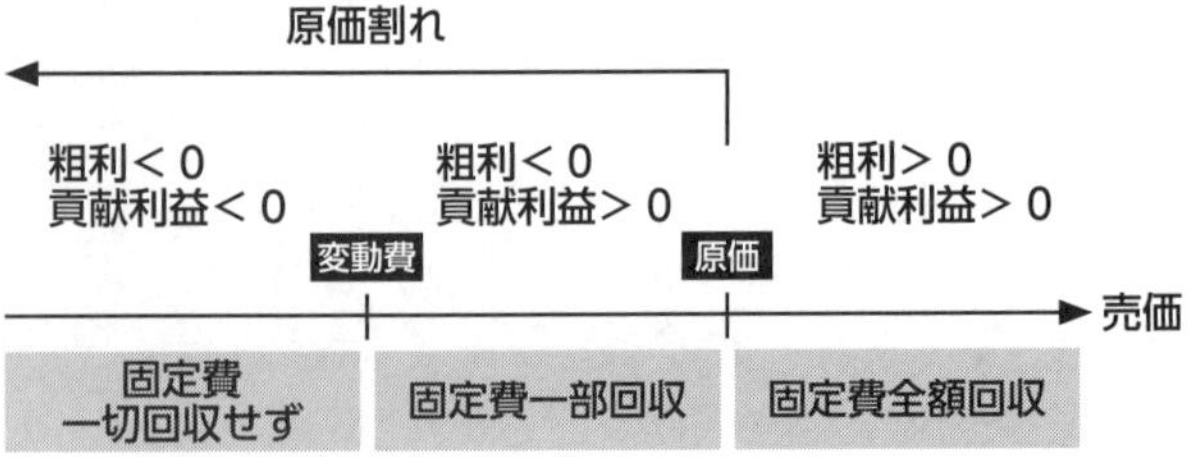

その意味は貢献利益で考えると分かりやすいので、図表3－5を使って説明しましょう。

図表3－5では横軸が売価になっています。

売価が原価を上回っている一番右の領域が原価割れになっていない状態です。中央の領域は、原価割れにはなっているけれども、売価が変動費を上回っていて、貢献利益がプラスの状態です。ここが先ほどのケースです。一番左側は、売価が変動費を下回って、貢献利益もマイナスの状態です。

3つの領域の違いは、固定費の回収状況です。

一番右の原価割れになっていない状態とは、当初想定した数量をすべて売り切れば固定費の全額を回収できる販売価格水準だということです。

中央の領域は、貢献利益がプラスですから固定費の回収には貢献しますが、**当初想定した数量をすべて売り切っても固定費の全額は回収し切れません。**一部回収で終わるのです。

貢献利益の概念を中途半端に理解していると、「貢献利益がプラスなら売るべきだ」と言いがちです。しかし、実際にすべて1万7500円で売ったらどうなるでしょうか。

確かに、売れば売るほど固定費を回収していきます。しかし、すべて売り切っても固定費の全額を回収し切れませんから、会社全体としては赤字で終わります。

それでも、売らないよりは売った方がいいことに変わりはありません。売らないより売った方が、赤字幅が縮小するからです。

一番左の領域は貢献利益がマイナスですから、固定費は一切回収できません。

ということは、ベストなのは原価割れをしていない状態です。**貢献利益がプラスなら売るというのは、何らかの事情でそのベストな選択ができないときの次善の策**です。

したがって、「貢献利益がプラスだから売るべきだ」というのは決定的に間違った言い方です。貢献利益がマイナスなら「やめるべき」とは言えますが、貢献利益がプラスなら「やるべき」とは言えません。先ほどから「売らないよりは売った方がいい」という煮え切らない言い方をしているのは、そのためです。

❖受注しなかった場合の売上高は前提によって変わる

図表3－3で、受注しない場合の売上高を0円としましたが、ここを通常価格の2万5000円とする人がいます。

実は、前提が異なれば、それも一つの答えになり得ます。逆に、本ケースでは、それとは違う前提があるから、受注しない場合の売上高は0円なのです。

その前提とは、今現れた新しい顧客に売らなければ、通常価格で売れる顧客は当面現れないということです。

もし、通常価格の2万5000円で売れる顧客がいるのに、1万7500円で売ってくれと言ってきた顧客に売ったら、そのお客様に経営資源が割《さ》かれてしまいますから、2万5000円で売るチャンスを逸してしまいます。この場合の比較は図表3－6のよう

図表3-6　原価2万円の製品Yを1万7,500円で受注すると…
（定価の2万5,000円で買ってくれる顧客がいる場合）

	受注しない	受注する	差額
売上高	25,000円	17,500円	△7,500円
直接材料費	△14,000円	△14,000円	0円
直接労務費	（総額不変）	（総額不変）	0円
製造間接費	（総額不変）	（総額不変）	0円
			△7,500円

になります。

受注しない場合の売上高２万５０００円は、受注して１万７５００円で売る場合から見た機会費用です。

原価割れでも受注した方がいいという判断になる前提は、もう一つあります。それは、生産能力に余裕があり、**新規顧客からの注文に現在の生産能力の範囲内で対応できる状況にある**ということです。これが、直接労務費と製造間接費が固定費であることの前提になっています。

もし、生産能力に余裕がないのに新規の注文を受けたら、おそらく残業代が発生するでしょう。場合によっては、新たに人を採用しなければいけなくなるかもしれません。そうなったら、直接労務費は固定ではなくなります。

さらに、設備の増強という話になるかもしれません。そうなったら、製造間接費も固定ではなくなります。

今回は、人や設備という生産能力に余裕があるからこそ、その稼働率を上げてもそこから追加的な費用が発生せず、固定費のままなのです。

本ケースを簡単に言ってしまえば、**経営資源に遊びがある場合、遊ばせておいても遊ばせておかなくても費用は変わらないのだから、遊ばせずに使った方がいい**ということです。

3-3 製造時間を短縮できたらコスト削減になる？

❖1個当たりの利益が1000円の製品の製造時間を10％短縮すると……

続いては、次のケースを考えてみましょう。

D社では、製品Zを月産1万8000個製造しています。製品Zの販売価格は1万円、1個当たりの原価は9000円で、原価の内訳は図表3-7の通りです。

図表3-7
製品Zの1個当たり原価の内訳

直接材料費	6,000円
直接労務費	2,000円
製造間接費	1,000円
合　計	9,000円

直接材料費は製品Zに使用される材料の費用。直接労務費は製品Zの製造に直接携わる正社員の人件費。製造間接費は、製造部門全体で発生する共通費を、製造時間を基に各製品に

配賦したものです。製造間接費の総額は固定費とみなせます。

【演習問題5】

今、あるシステムを導入しようという話が持ち上がっています。このシステムを導入すると製造業務が効率化されるため、製品Zの製造時間を10％短縮することができると見込まれています。

この業務効率化によって、利益はどれだけ改善されるでしょうか？

一番単純な答えは、「1個当たりの利益が販売価格1万円－原価9000円＝1000円だから、1000円×10％＝100円だけ利益が増える」という答えです。

この答えは全くの誤りです。なぜならば、要素分解を全くしていない上に、従属変数である利益にいきなり10％を掛けているからです。

正しく考えるためには、売上高と費用という独立変数だけで考える必要があります。そして、費用は可能な限り分解して考えます。間違っても、「原価９０００円」をまとめて考えてはいけません。ここまでは基本の確認です。

要素分解したら、変わる部分と変わらない部分を見極めます。本ケースにおいて本当に重要なのはここからです。

本ケースの場合、何が変わるか変わらないかは、前提によって変わってきます。その前提とは、需要と供給のバランスです。

❖需要より供給の方が上回っている場合

まず、この製品が成熟期に入っていて、需要に対して既に十分な供給ができている場合を考えてみましょう。

この場合、仕事として絶対にやってはいけないことは、時間が短縮した分、今までよりも一生懸命働いてたくさん製品を作ることです。**需要は既に満たされていますから、これ**

以上作っても不良在庫の山を築くだけだからです。不良在庫は最終的には廃棄処分です。そうなったら、わざわざ製品に姿を変えてお金を捨てるのと同じです。

したがって、**ここでの正しい行動は、時間が短縮した分は何もしないこと**です。

これは、実務上はなかなか難しいと思います。何もせずにブラブラしていたら、普通は怒られるからです。真面目に働くことをよしとする価値観においては、汗水垂らして一生懸命働いている姿の方が評価もされます。しかし、ここでは、何もしないでブラブラしているのが正解なのです。もしくは、さっさと帰宅するかです。

結局この場合は、従来と同じ製造量を短時間で作れるようになるだけです。

それでも、製造時間が短縮されますから、変動費が削減される可能性があるのではないかと思われるかもしれません。

このケースでは、原価のうち、変動費は直接材料費だけです。では、直接材料費が削減されるかというと、削減されません。なぜならば、製造時間の短縮によって削減できる費用は、時間を変数とする変動費だからです。直接材料費は変動費ですが、製造量を変数とする変動費ですから、時間が短縮されても削減できません。

ということは、**製造時間が短縮されても、費用は一切削減されない**のです。売上高は当然何も変化しませんから、結局、この場合の経済的効果は何もないのです。

同じ仕事を短時間でできるようになると、人は「業務効率化がなされた」と言います。いいことをやった気にもなります。しかし、経済的効果はゼロです。こういうものを私は**「自己満足の業務効率化」**と呼んでいます。世の中、この類《たぐい》の業務効率化が山ほどあります。

❖人件費削減は期待できない

製造時間が短縮したということは人を減らせる可能性がありますから、リストラを前提にするならば、人件費削減ができるのではないかと思うかもしれません。

可能性はありますが、現実的には無理でしょう。人は１人単位でしか削減できないからです。**製造時間を10％短縮したからといって、直接労務費の10％を削減できるわけではありません。**製造時間の短縮で１人分の就業時間を浮かせられて、かつ、その人をリストラすることによって、初めて１人分の人件費が削減されるのです。

24時間体制で製造していたとしても、その10%は2・4時間です。1日の通常の就業時間である8時間に遠く及びません。

残された可能性は、浮いた時間を他の業務に振り向けたことにより得られる機会費用相当分の利益改善です。しかし、その程度の時間で得られる売上高の増加というのもなかなかないでしょうから、これもほとんど期待できません。

やはり、従来と同じ製造量を短時間で作れるようになるだけ、というのが現実です。

❖需要が供給を上回っている場合

では、この製品がまだ成長期にあって、需要の方が供給を上回っている場合はどうなるでしょうか。

この場合は、**浮いた時間を増産に当てることに意味が出てきます。**需要の方が供給を上回っているので、作れば売れるからです。

このとき、何個まで増産できるでしょうか。

従来は月産1万8000個だったので、10%効率化できたのだから、1万8000個×1・1=1万9800個と計算しがちですが、正しくは1万8000個÷0・9=2万個です。

これは算数の話であって、管理会計的には本質的な話ではないので、あまり気にする必要はありません。一応解説しておくと、次のように考えると分かりやすいでしょう。

月間の総就業時間がT時間だとすると、従来はT時間かけて1万8000個製造していたわけですから、1時間当たりの製造能力は(1万8000÷T)個でした。

製造時間が10%短縮されると、0・9T時間で1万8000個を製造できるようになりますから、1時間当たりの製造能力は(1万8000÷0・9T)個になります。

月の総就業時間はT時間のまま変わりませんから、1カ月に製造できる量は1万8000÷0・9T×T=2万個になります。

ポイントは、製造量が10%増えるのではなく、あくまでも時間が10%短縮されるというところです。

2万個まで増産できるということは、従来の1万8000個より2000個多く作って売ることができます。それによって、まず売上高が1万円×2000個＝2000万円増えます。

そして、今回は製造量が増加しますから、製造量を変数とする変動費である直接材料費が増加します。その増加額は6000円×2000個＝1200万円です。

したがって、利益の増加は2000万円－1200万円＝800万円となります。

❖1個当たりの利益で計算してはいけない

2000個増産できるというところまで分かっても、最後の最後で間違う人がいます。どのように間違えるかというと、「1個当たりの利益は、売価1万円－原価9000円＝1000円だから、利益は1000円×2000個＝200万円増える」と考えてしまうのです。

考え方として本質的によくない点は、要素分解をしていないことです。

「1個当たりの利益1000円」という言い方をされると、どうしても「1個多く売るごとに利益が1000円増える」と思ってしまいます。繰り返しますが、人は目に見えているカタチで物を考えるからです。

要素分解して考えれば、変化するのは売上高の1万円×2000個＝2000万円と、費用のうちの直接材料費6000円×2000個＝1200万円だけです。

これをまとめて計算すると、（1万円－6000円）×2000個＝4000円×2000個＝800万円となります。

4000円は売価から変動費（ここでは直接材料費）だけを引いた金額ですから、限界利益です。**利益を使って計算したいならば、限界利益を使えば正しい計算になります。**

3-4 利益を増やすために値下げをすべき？

❖10％の値下げ分を販売量の増加で取り返すには……

利益を増やすために販売量を増やそう、そのために値下げをしよう、というのも、よくある経営判断です。

しかし、当然のことながら、値下げをすると1個当たりの利益が減ります。いったい、どれだけ販売量を増やせば、全体の利益が増えるのでしょうか。次のケースで考えてみましょう。

E社は飲食店を営んでいます。ここ最近、客足が遠のいており、売上が伸び悩んでいます。そこで、打開策の一つとして、値下げをしようと考えました。狙いは、値下げによって来店者数を増やして、お店全体としての利益を増やすことです。


【演習問題6】

10％の値下げをした場合、販売量が何％増加したら、利益が増加するでしょうか？


これに対してよくある答えは、「10％の値下げをすると利益が10％減少するので、販売量が10％以上増えれば利益が増える」というものです。

この答えは2つの点で間違っています。

1つ目は、算数的な間違いです。

利益が10％減少するというのは、利益が従来の0・9倍になるということです。

それに対して、販売量が10％増えるということは、従来の販売量の1・1倍になるということです。

（利益×0・9）×（販売量×1・1）＝利益×販売量×0・99ですから、元の「利益×販売量」の99％にしかなりません。

算数的には、販売量を従来の1÷0・9＝1・11……倍にするというのが正しい答えになります。「一方を10％下げたから、もう一方を10％増やせば元に戻る」という考え方が、いかに感覚的に過ぎないかということです。

管理会計的に重要なのは、もう一つの間違いです。それは、「10％の値下げをすると利益が10％減少する」と考えているところです。

このような間違いを犯す原因は、要素分解していないからです。特に、利益は売上高と費用の差額で決まる従属変数なので、その元となっている売上高と費用という独立変数で考えなければ正しい答えにはたどり着きません。

❖利益も費用も総額で考える

それでは、あらためて、このケースについて考えてみましょう。

図表3-8　E社のメニュー1食当たりの利益構造

売　価			1,000円
原　価	材料費	600円	700円
	その他経費	100円	
利　益			300円

実は、この問題には一般論としては答えられません。費用の内訳がどうなっているかによって答えが変わってくるからです。ここでは、話を簡単にするために、販売しているメニューは１種類だとしましょう。その利益構造は図表３－８の通りです。「その他経費」は、店舗全体で発生している各種の経費を販売数に基づいて配賦したものです。

値下げ前の販売量は月間１５００食とします。

まず、値下げ前の月間の利益の総額は３００円×１５００食＝45万円です。

次に費用です。ここでも変動費と固定費に分けて考えることが重要です。そして、**固定費で重要なことは、総額が固定だということ**です。固定費であるその他経費が「１食当たり１００円」となっていますが、これが固定ではありません。１５００食分の１００円×１５００食＝15万円が固定です。それを販売量に基づいて配賦しているから、1食当たりの配賦額が100円になっているということです。

ここでやろうとしていることは、利益も費用も総額で考えるということです。**単位当たりで考えるのは誤解の元**です。ちゃんと理解していれば「1食当たり」のような単位当たりで考えても間違わなくなりますが、それはちゃんと理解していればの話です。総額で考える、言葉を換えれば、会社全体で考えるのが、間違った意思決定をしないためのポイントの一つです。

総額で考えるために、10%値下げをしたときの販売量をx個としましょう。その場合、売上高は1000×0・9×x円になります。

一方、費用のうち、販売量に伴って変化するのは変動費である材料費だけです。固定費は総額15万円のまま変わりません。したがって、費用の総額は(600x＋15万)円になります。

売上高と費用の差が利益ですから、利益は、

（1000×0・9×x）－（600x＋15万）円

です。これが値下げ前の利益45万円に等しくなるのは、

（1000×0・9×x）－（600x＋15万）＝45万

という式を解いて、

（1000×0・9－600）x＝15万＋45万

x＝（15万＋45万）÷（1000×0・9－600）＝2000　……式（3．1）

つまり、2000食販売したときということになります。これは、値下げ前の販売量1500食から見ると、約33％の増加ということになります。

xなどという文字を持ち出して説明したので、少々面食らったかもしれません。xを使わずに、以下のように考えることもできます。

10％の値下げをするということは、販売価格を10％下げるということですから、1000×0・9円にするということです。1食当たりの材料費は変わりませんから、1食当たりの貢献利益は（1000×0・9－600）円になります。

この貢献利益で、固定費に目標利益を加えた額を回収し切ればいいことになります。固定費の総額は15万円、目標利益は45万円ですから、求める販売量は以下のようになります。

（15万＋45万）÷（1000×0・9－600）＝2000　……式（3．2）

このように考えた方が分かりやすいか、先ほどのようにxを使った方が分かりやすいかは、文系脳か理系脳かによります。

私個人としては、xを使わない考え方を思い付くことの方が難しいです。特に、「固定費に目標利益を加えた額を貢献利益で回収し切ればいい」という発想はなかなか出てこないと思います。思い付いたとしても、その考え方が本当に正しいかどうか自信が持てません。

種明かしをすると、xを使わない考え方は、式(3.1)を後付けで解釈したものです。実際、式(3.2)は式(3.1)と全く同じです。「これを言葉で説明すると、こういうことだよな」というのがここでの説明です。数式によって論理的な正しさが確認できているから、言葉を使った説明にも自信が持てているというのが正直なところです。


管理会計に本当に強くなりたければ、数学的素養は不可欠です。人為的な制度である財務会計と違って、管理会計は論理的・分析的視点が重要だからです。数学的素養が求められるのも、財務会計にはない管理会計の特徴と言えます。

❖値下げがボリュームに与えるインパクトはこんなに大きい!

正しく考え、計算できることも重要ですが、本ケースで一番注目してほしいのは結論です。

ここでの結論は、10%の値下げをした場合、販売量が30%以上増加しないと利益は増えないということです。「10％増えればいい」なんて、とんでもない話だということです。

ちなみに、20％値下げした場合に必要な販売量の計算は次のようになります。

$$(1000 \times 0.8 - 600)x = 45\text{万} + 15\text{万}$$

$$x = (45\text{万} + 15\text{万}) \div (1000 \times 0.8 - 600) = 3000$$

3000食ということは、値下げ前の販売量の倍です。増加率で言えば100％の増加です。20％引きぐらいはよく目にすると思いますが、それで利益を出すためには、今までの倍以上売らなければならないということです。

値下げというのは、これほどまでにボリュームに対してインパクトを与えるものなのです。

おそらく、このような計算を見るのは初めての方がほとんどではないかと思います。ということは、ほとんどの人がいかに感覚的に値下げということをやっているかということです。「10％値下げをしたら、販売量が10％増えればいい」という軽い感覚で値下げをしているのではないかと思います。

値下げが簡単にできてしまうのは、値下げをして怒るお客様はいないからです。だから、値下げ自体はいとも簡単にできます。しかしそれは、利益を増やすという最終的な目的に対しても簡単な戦略だと言えるでしょうか。

値下げはしても、性能も品質もパッケージングも何も変わっていません。それを、**営業担当者が今まで以上に走り回って、3割以上、場合によっては倍以上売ったら利益が出るというのが、値下げという戦略**なのです。

❖先に汗をかくのが値上げ戦略、後で汗をかくのが値下げ戦略

もし値上げができれば、値下げとは逆のことが起こりますから、販売量を追求しなくても容易に利益を増やすことができます。

ただし、値上げは簡単にはできません。単純に値上げをすれば、お客様は他社に行ってしまうからです。そうなれば販売量が減少し、利益も減少します。

ですから、値上げには理由が必要です。その理由には原材料費の高騰《こうとう》のようなものもあると思いますが、基本的には、顧客にとっての価値の上昇であるべきです。販売価格とは、本来、顧客が認める価値に対する対価だからです。企業の努力に対する対価ではありません。どんなに高い材料を使っていようとも、どんなに作るのに手間がかかろうとも、顧客がそれに対して価値を認めなかったら、それに対して対価を払う人はいません。すなわち、販売価格は0円に等しいということです。

顧客が認める価値が商品イメージや企業イメージと結び付けば、ブランドになります。だから、いわゆるブランド品の価格は高いのです。

ブランド品の原価率は低いことが多いですが、それは原価とは関係ないところで販売価格が決まっている証拠です。高額でも買ってもいいと思う人が少なからずいるから、あの値段で売っているのです。

値上げをするためには、そういう何らかの理由を考え出さなければいけませんから、最初に頭で汗をかく必要があります。ただ、理由を見つけて値上げに成功できれば、いたずらに販売量を追求しなくても利益が出せますから、後で楽ができます。**値下げ戦略は、最初は楽だけれども、後で営業が肉体的に汗をかかなければならない戦略。値上げ戦略、ないしはブランド戦略は、最初に頭で汗をかいて、後で楽ができる戦略**だということです。

値下げ戦略と値上げ戦略のどちらかが一方的に優れた戦略というわけではありません。いずれも選択肢の一つです。ただ、値下げ戦略と値上げ戦略にはこういう差があるということを分かった上で戦略を選ぶことが重要です。

少なくとも、値下げ戦略をとるならば、ボリュームに対して大きなインパクトが出るということを分かった上でやることが必要です。

もう一つ重要なことは、**値下げによるボリュームへのインパクトは、費用の構成によってケース・バイ・ケース**だということです。

本ケースでは20％引きをすると倍以上売らなければなりませんでしたが、費用の構成によっては、そんなに売らなくても大丈夫かもしれませんし、もっと売らなければならないかもしれません。だからこそ、値下げをするなら、どれくらいのインパクトが出るか、事前に分かった上でやることが重要です。やるなら、確信犯的にやらなければダメです。

ただ、本ケースの例は一つの感覚として知っておいていいと思います。すなわち、**「10%の値下げで3割以上、20%の値下げで倍以上売らないと、利益は増えない」**ということです。

3-5 どこまでなら値下げをしても大丈夫か？

❖利益が出なくなるギリギリの価格は？

値下げもそれはそれで一つの戦略ですし、むしろよくとられる戦略だと思います。そこで、ここでは値下げ戦略に焦点を当ててみましょう。

あるハンバーガーショップでは、1個200円でハンバーガーを販売しています。かかっている費用は1個当たり160円で、1個当たりの利益は40円です。

費用の内訳は図表3－9のようになっています。原材

図表3-9 ハンバーガー1個当たりの費用の内訳

原材料費	60円
正社員人件費	40円
店舗賃貸料	20円
その他	40円
合　計	160円

料費以外は固定費とみなせます。

【演習問題7】
現在、月間1000個を製造販売していますが、販売量を増やして利益を増やすために、販売単価を値下げしようと考えています。最大でいくらまで値下げができるでしょうか?

これは、もしあなたがプライシングの担当者だとした場合、「値下げの最下限値はいくらですか?」と聞かれたときに、何と答えるかということです。値下げの最下限値とは、「それ以上値下げしたら、どんなに売ってもお店として利益が出なくなるのは、いくらまで値下げしたときか」ということです。

よくある答えは、161円です。

これは、現在のハンバーガー1個当たりの利益が40円だからです。現在の売価200円から利益の40円を引いた160円にしてしまったら利益が0円になってしまいますから、最低でもそれを上回る161円が値下げの最下限値だと考えるわけです。

もし、あなたがこのように考えたとするならば、それは費用の動きを図表3－10の(a)のように考えたということになります。

図表3－10において、売上高を表す直線を「売上線」、費用の総額を表す直線を「総費用線」と言うことにします。

(a)では、売上線は0円から始まって、販売量に対して200円の増加率で増えていくようになっています。2個売れば売上高は400円、3個売れば売上高は600円です。売上高は確かにこのように変化します。

一方、総費用線も0円から始まって、販売量に対して160円の増加率で増えていくようになっています。

このように考えてしまうのは、「費用は1個当たり160円」と言われているからです。何度も言っていますが、人は目に見えているカタチで物を考えますから、「費用は1個当

図表3-10 費用の動き

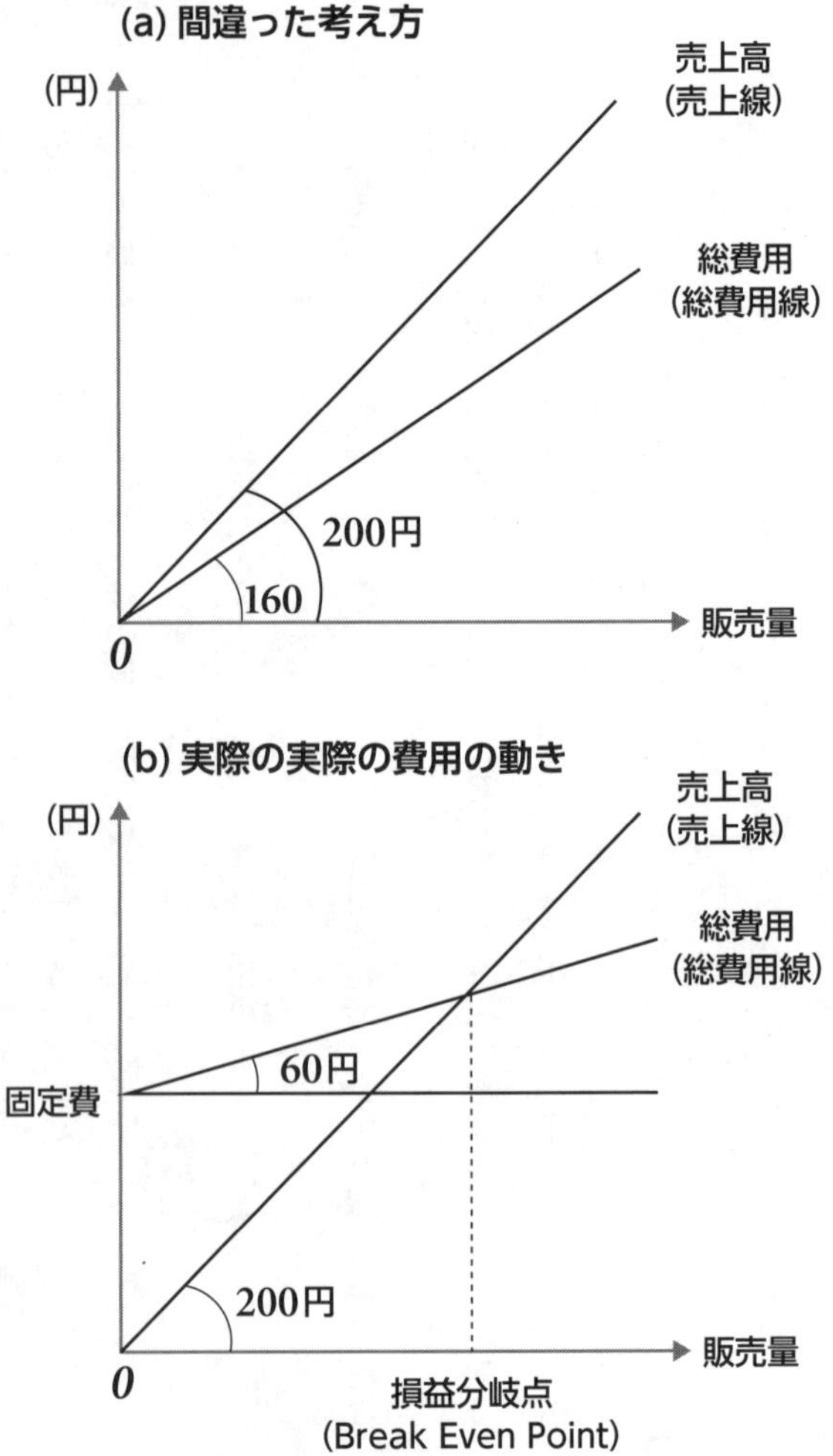
(a) 間違った考え方
(円)
売上高
(売上線)
総費用
(総費用線)
200円
160
販売量
0
(b) 実際の実際の費用の動き
(円)
売上高
(売上線)
総費用
(総費用線)
60円
固定費
200円
販売量
0
損益分岐点
(Break Even Point)

たり160円」と見せられると、費用は1個当たり160円の割合で増えていくと考えてしまうのです。

図表3-10において、売上線の傾きが1個当たりの売価ですから、値下げとは、売上線の傾きを倒していくことに相当します。

値下げの最下限値は、売上線が総費用線を絶対に上回ることができなくなるまで売上線を倒したときの売上線の傾きです。

仮に、総費用線が(a)のように動くとしましょう。

その場合、売上線を倒していって、総費用線を絶対に上回ることができなくなるのは、傾きが160円のときです。そこまで倒すと、売上線が総費用線と重なりますから、常に利益が0円になります。それ以上倒すと、売上線が常に総費用線の下に位置することになりますから、常に赤字になります。

したがって、利益を出すための値下げの最下限値は161円ということになります。

❖1個当たりの変動費を下回ると利益を出せなくなる

しかし、本当の費用の動きは(a)のようにはなっていません。実際の費用の動きは(b)のようになります。

まず、**販売量に関係なく発生する固定費があります。**図表3－9の費用のうち、原材料費以外は固定費ですから、固定費は40円＋20円＋40円＝100円です。

ただし、これは1個当たりの金額です。既に述べたように、固定費は総額が固定です。月に1000個作って売っているので、月の固定費の総額は100円の1000個分、10万円です。この10万円が固定で、数量に関係なく常に発生します。

これに、原材料費の60円が加わります。原材料費は変動費ですから、変動費の総額は数量の増加に伴って増加していきます。

それを図に表したものが、図表3－10の(b)です。

(a)と(b)には決定的な違いがあります。それは売上高と総費用との関係です。

(a)では、売上線が常に総費用線の上にあります。その意味するところは、最初の1個目から利益が出るということです。

しかし、現実はそんなに甘くありません。現実は(b)の方です。(b)では、売上線は、最初は総費用線よりも下にあります。そうなる理由は、数量に関係なく発生する固定費があるからです。**売上線が総費用線を上回るのは、販売量がある数量を超えてから**です。

つまり、最初のうちは、利益は必ずマイナスだということです。販売量が一定量を超えてから、やっと利益が出るのです。

これが現実です。まだ規模の小さい最初のうちから利益が出るビジネスは基本的にありません。

「利益が出るビジネス」の意味は、「どこかで売上線が総費用線を追い抜くことができるビジネス」ということです。

売上線が総費用線を追い抜いて、利益がマイナスからプラスに転じる点を、損益分岐《ぶんき》点と言います。 英語ではBreak Even Pointと言います。

損益分岐点という言葉はよく使われるので聞いたことがあるかもしれませんが、これも

図表3-11 値下げとは売上線を倒すこと

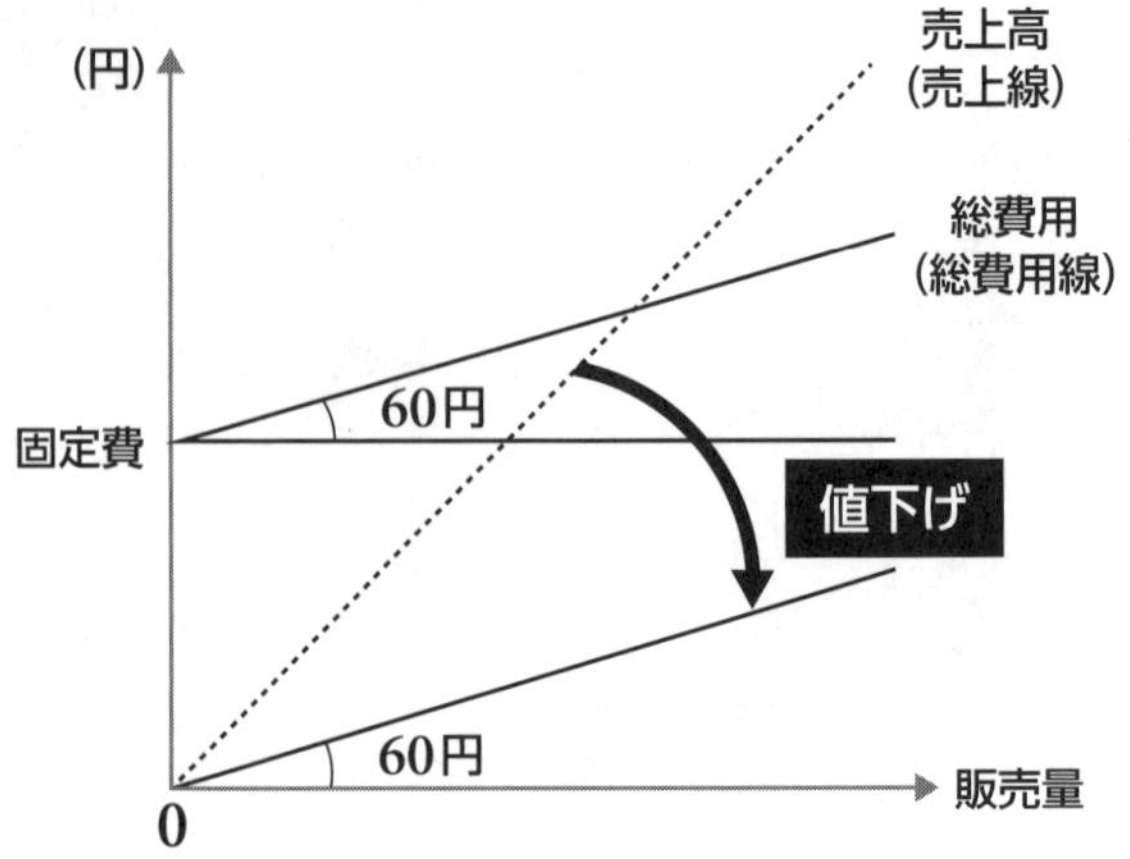

費用を変動費と固定費に分けて初めて出てくる概念です。

以上を踏まえて、話を値下げの問題に戻しましょう。

図表3－10の(b)においても、売上線の傾きが1個当たりの売価ですから、値下げの考え方は先ほどと同様です。すなわち、値下げとは売上線の傾きを倒すことであり、値下げの最下限値は、売上線が総費用線を絶対に上回ることができなくなるまで売上線を倒したときの売上線の傾きです。

それは、図表3－11のように、総費用線の傾きと同じ傾きまで売上線を倒したときです。そこまで倒すと売上線と総費用線が平行になりますから、販売量を無限に増やしても、売上線と総費用線は文字通り平行線をたどるだけで、売上線が総費用線を追い抜くことは絶対にできません。

総費用線の傾きは１個当たり変動費の60円ですから、利益が出る前提で言えば、61円が値下げの最下限値ということになります。

ちなみに、１個当たりの変動費60円に等しくなる売価とは、１個当たりの貢献利益が０円になる売価です。貢献利益が０円ということは、固定費の回収能力がゼロということですから、絶対に利益が出せなくなるのです。

値下げは最大61円までできるという発想は、財務会計上の利益を見ている限りは絶対に出てきません。財務会計的な見方をしている限り、「値下げは１６１円までしかできない」という発想しか出てこないのです。**費用を変動費と固定費に分けるという管理会計的な見方をして初めて「61円まで値下げできる」ということが分かります。**

他社と価格競争をしているときに、「値下げは１６１円までしかできない」というのと、「値下げは61円までできる」というのとでは、話が全く違ってきます。

❖値下げをすると何が起きるか

このハンバーガーショップでは、販売量を増やすために、200円で売っていたハンバーガーを100円に値下げすることにしました。

100円に値下げしたハンバーガーは〝100円バーガー〟と呼ばれ、大きな話題となりました。今までの半値《はんね》ですから、話題になるのも当然です。それによって販売量は狙い通り大幅に増え、値下げした初年度は販売量が月4000個になり、増収増益となりました。

翌年度になると、販売量は月2000個に落ち着きました。前年の月4000個から見たら減少しましたが、値下げ前の販売量から見たら2倍です。100円バーガーによって確実に新たな顧客を創出したと言えます。

ところが、値下げ前の2倍の販売量を誇っているのに、このハンバーガーショップは赤字になってしまいました。

一体、何が起きたのでしょうか？

図表3-12 値下げによって1年目は増収増益に

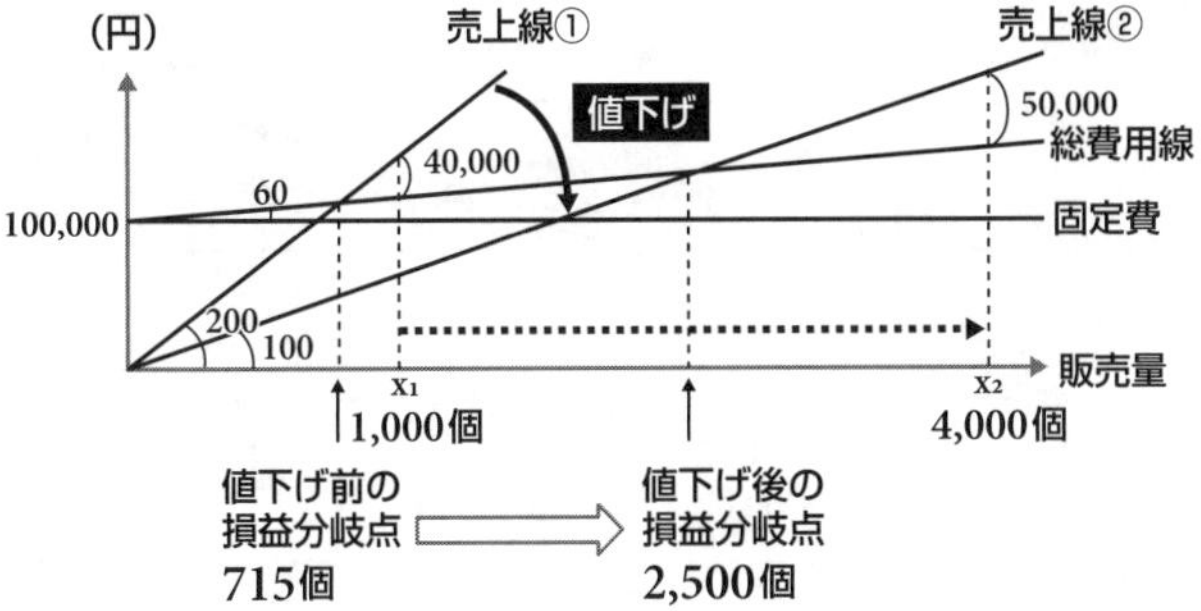

ハンバーガーの販売価格を200円から100円に値下げするというのは、図表3－12のように、売上線の傾きを売上線①から売上線②のところまで倒すことです。

今まで200円で売っていたものを半値の100円にするというのは、多くの人にとって驚きであり、「利益度外視の出血赤字大サービス」のようにも見えるでしょう。しかし、先ほど確認したように、値下げは61円までできます。出血赤字大サービスでも何でもありません。値下げによって需要が刺激されて販売量が増えれば、利益は出るのです。

そして思惑通り、販売量は月4000個にまで増え、増収増益になりました。それが図表3－12のX_2です。計算してみると、月4万円だった値下げ前の

図表3-13 損益分岐点が移動したため2年目以降は赤字に

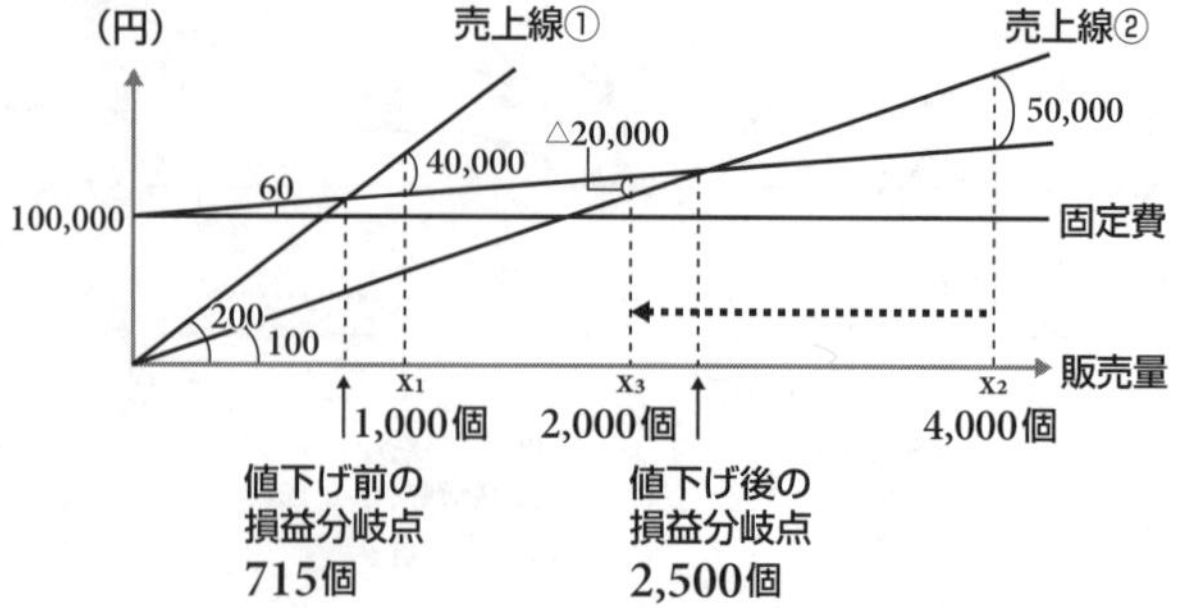

利益が、月５万円に増えています。

ただ、顧客は１００円という価格に慣れてしまいますから、熱狂的なブームは冷めます。冷めたとしても、販売量は値下げ前の２倍の月２０００個もあるのでよさそうなものですが、時既に遅し。図表３－12から分かる通り、**値下げしたときに自ら損益分岐点を大幅に右にシフトさせてしまっています。**計算すると、値下げ後の損益分岐点は月２５００個であることが分かります。

損益分岐点を月７１５個から月２５００個に引き上げてしまったために、値下げ前の２倍の販売量である月２０００個でも損益分岐点を下回ってしまって、赤字になったのです(図表３－13)。

❖値下げ戦略成功の条件

値下げした後、雲行きが怪しくなった時点で価格を戻せばよかったじゃないかと思うかもしれませんが、現実はそれほど簡単ではありません。一度値下げしたものは、簡単に戻せないことが多いのです。

特にコンシューマーは、値下げは喜んで受け入れますが、値上げに対しては抵抗感を示します。実際は価格を元に戻すだけであっても、コンシューマーはそれを値上げと感じ、抵抗感を示すものです。値下げ後の100円という価格に慣れた後はなおさらです。

したがって、**値下げは、一度やったら少なくともしばらくは元に戻せない**と思った方がいいのです。

本ケースから、値下げ戦略を成功させる条件は以下のようにまとめられます。

まず、値下げによって、大幅に販売量が増えること。これは3－4節でも確認済みです。

しかし本ケースでは、販売量が大幅に増えても最終的にはうまくいきませんでした。ただ単に販売量が大幅に増えるだけでは、値下げ戦略を成功させるには足りないということです。

値下げ戦略を成功させるためには、値下げによって大幅に販売量が増え、かつ、それが継続することが必要です。この「継続」という一言が重要なのです。増えた販売量を継続させられなかったら、自ら引き上げた高い損益分岐点だけが残るという、シャレにもならない状況を作っただけになってしまいます。

乱暴なことを言えば、値下げによって販売量を増やすだけなら、それほど難しくありません。消費者があっと驚く大胆《だいたん》な値下げをすれば、とりあえず消費者は食いついてくるからです。難しいのは、増えた販売量を継続させることです。

値下げを成功させるためには、少なくともここまでは考えてやらないと、自らの首を絞めることになりかねません。

3-6 コストを下げるには大量生産をすればいい？

❖「大量生産でコストが下がる」と言われる理由

今までにない製品が世に出たとき、最初の頃は非常に高価であることが普通です。たとえば、今では当たり前になった液晶テレビも、出始めの頃は非常に高く、なかなか手が出なかったものです。

当時に比べれば、液晶テレビも大分《だいぶん》安くなりました。その理由としてよく言われるのが、液晶テレビが普及し大量生産されるようになったので、コストが下がったという説明です。

大量生産されると、なぜコストが下がるのでしょうか？　そして、本当にコストは下がっているのでしょうか？

大量生産によってコストが下がる理由も、費用を変動費と固定費に分けることによって初めて理解できます。

次のケースを考えてみてください。

【演習問題8】

1個当たりの製造コストが100円の製品があります。その内訳は、変動費が40円、固定費が60円です。変動費は製品に使われる部品の費用、固定費は生産設備などにかかる費用などです。

従来はこの製品を年1万個製造していましたが、それを年2万個にしたとしましょう。その場合、製品のコストはどうなるでしょうか?

まず、変動費は製品に使われる部品の費用などですから、製品を何個作ろうとも1個当

図表3-14　量産効果

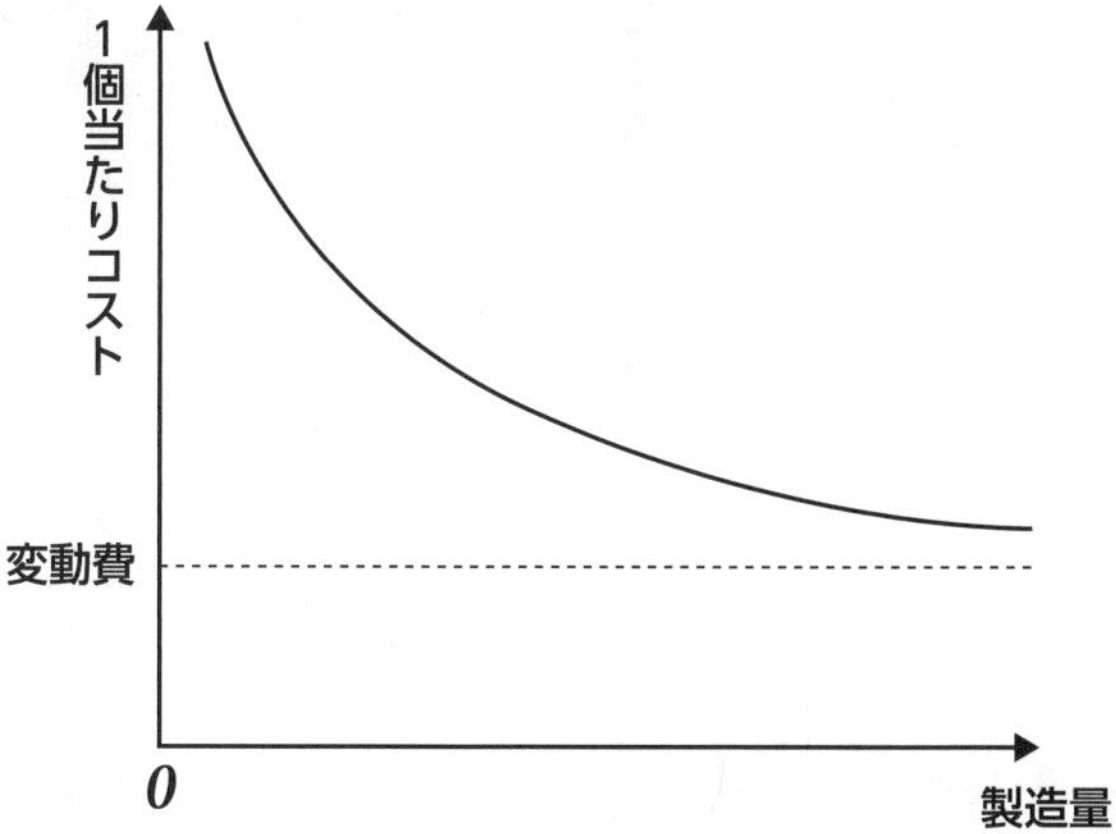

たり40円のままです。

一方、固定費は総額が固定です。1個当たりのコストに含まれる固定費60円は年1万個製造している前提での金額ですから、1年間の固定費の総額は60円×1万個＝60万円です。これが固定です。

したがって、製造量が年2万個になれば、1個当たりの固定費は60万円÷2万個＝30円になります。製造量が倍になったので、固定費の1個当たり負担額が半分になったと考えてもいいでしょう。

結局、1個当たりのコストは40円＋30円＝70円になります。年1万個製造していたときのコストは1個当たり100円でしたから、コストが下がりました。

これが大量生産によってコストが下がる理由です。**大量生産をすると、製品1個当たりが負担すべき固定費が薄まるため、1個当たりコストが下がっていく**のです。

大量生産をしても製品1個当たりの変動費は変わりませんから、1個当たりのコストは製造量に対して図表3-14のように変化します。究極的には1個当たりの固定費負担額は限りなく0円に近付いていきますから、製品1個当たりのコストは限りなく変動費に近付いていくということです。

❖「コストが下がる」は正解であり不正解

製造量を増やすとコストが下がる効果は「量産効果」と言われています。「スケールメリット」や「規模の経済性」という言葉で説明される経済効果も、基本的にこれと同じです。

先述のように、製造量を増やすと、確かにコストが下がるという事実はあります。しかし、何が下がるのかを正確に理解しておかないと少々危険です。**確かに、単位コストは下がりますが、総コストは必ず増える**のです。

これは考えてみれば当たり前です。単位コストは固定費が薄まる分下がりますが、総額で見れば、固定費の総額が変わらない一方で、製造すればそれだけ部品などの変動費がかさみますから、総コストは増えるのです。

そして、もう一つ重要なことがあります。「単位当たりコスト」の「単位当たり」は、「販売量単位当たり」ではなく、「製造量単位当たり」だということです。それが意味することは、**コストが計算される時点では、売れるかどうかは全く考慮されていない**ということです。ですから、とにかくたくさん作れば、計算上の単位コストは下がるのです。

作ったものが売れる見込みがあるならば、製造コストが下がった分、販売価格競争力も出せますから意味があります。

しかし、売れる見込みがないならば、やっていることは一生懸命に不良在庫の山を築くことです。売れなければ廃棄処分です。しかも、たくさん作れば総コストは増えます。それは、製品という形に変えて、わざわざ多額の現金を捨てているのと同じです。

ある一部上場の製造業のコンサルティングの仕事をしたときのことです。その工場では、ある時期、操業度に余裕があり時間的にも余裕があったので、ボーっとしているよりはいいだろうということで、みんなが一生懸命になって製品を作り置きしていました。その結果、工場には製品在庫の山です。

それを見た私は少々心配になって工場長に聞きました。

「こんなに作っちゃって売れるんですか？」

すると、工場長はこう言ったのです。

「そんなことは知らないよ。売るのは営業の仕事だからな」

こういうことが、一部上場企業でも普通に起こるのです。

このようなことが普通に起こるのは、3-3節でも述べたように、「ボーっとしているより一生懸命働く方がいいことだ」というのがみんなの価値観だからです。

確かに、仕事をせずにボーっとしているのは気まずいものです。上司にも「何ボーっとしてるんだ！　そんな暇があったら仕事しろ！」と怒られるでしょう。

一方、汗水垂らして一生懸命働く姿は常に称賛の対象です。褒められることはあっても、怒られることはまずありません。上司からも、「あいつはよく頑張ってるな。よしよし」と思われ、人事評価も上がるでしょう。

これが普通の仕事観です。道徳観と言ってもいいかもしれません。

しかし、それは全くの感情論です。論理的には、そのとき、その工場ではボーっとしているのが正解だったのです。もしくは、暇なら休んでしまうのが正解です。

もし、製品単位コストの低減が製造部門の重要なＫＰＩになっていたら、なおさら一生懸命になって製品を作ったでしょう。たくさん作ることが単位コストの低減につながるからです。人は採点基準通りに行動するのです。

こういう過ちを犯す根底にあるのは、量産効果に対する不正確な理解です。単に「たくさん作ればコストが下がる」と捉えていると、こういうことになります。

下がるのは単位コスト。総コストは必ず増える。そして、「単位当たり」とは「製造量単位当たり」であって、売れるかどうかは別次元の問題です。

これをすべての工員が正確に理解し、自らの行動に反映させることを期待するのは無理な話です。無理な話だからこそ、しかるべき人が正確に理解し、正しいＫＰＩに反映させるということが重要です。

第4章

管理会計をカタチにする

4-1 赤字部門は撤退すべき？

何度も繰り返していますが、人は目に見えているカタチで物を考えます。ですから、正しい意思決定をするためには、管理会計がしかるべきカタチをしていることが重要です。それは、どんなカタチなのか？　本章では、それを考えていきましょう。

まず、次のケースを考えてみてください。

❖部門別損益計算書を見てみると……

F社では売上高営業利益率5％以上を目標にしていますが、前期の売上高営業利益率は図表4－1(a)のように3・7％で、目標を達成できませんでした。

F社では同図表(b)のような部門別損益計算書を作成しており、これに基づき、役員会で

図表4-1 強化すべき部門、撤退すべき部門はどれ？

(a) 前期の損益計算書（単位：億円）

売上高	30.0
売上原価	10.8
売上総利益	19.2
販売費及び一般管理費	
販売費	2.5
経費	3.3
給与	3.9
IT 関連費	2.4
本社費配賦額	6.0
販売費及び一般管理費合計	18.1
営業利益	1.1
	(3.7%)

(b) 部門別損益計算書（単位：億円）

	部門A	部門B	部門C
売上高	10.0	10.0	10.0
売上原価	3.8	3.6	3.4
売上総利益	6.2	6.4	6.6
販売費及び一般管理費			
販売費	0.8	0.7	1.0
経費	0.8	1.2	1.3
給与	1.2	1.3	1.4
IT 関連費	0.7	0.7	1.0
本社費配賦額	2.0	2.0	2.0
販売費及び一般管理費合計	5.5	5.9	6.7
営業利益	0.7	0.5	△ 0.1
	(7.0%)	(5.0%)	(△ 1.0%)

組織戦略を立てたいと考えています。組織戦略とは、販売を最も強化すべき部門と撤退すべき部門を決めることです。

ここで演習問題です。

【演習問題9】
最も販売を強化すべき部門はどれでしょうか？
また、撤退するべき部門はどれでしょうか？

あなたなら、どんな意見を言いますか？

これに対して最も多いのは、販売を強化すべきなのは部門A、撤退すべきなのは部門Cという答えです。

部門Aの販売を最も強化すべききだと答える人の理由は、部門Aの営業利益率が最も高いからです。営業利益率が最も高いということは、部門AがF社の最大の稼ぎ頭《がしら》ということですから、その最も強い部門をますます伸ばしていくのがいいという発想です。

部門Cを撤退すべきだと答える人の理由は言うまでもないでしょう。営業利益が赤字だからです。営業利益は本業の儲けですから、これが赤字ならやめた方がいいということです。

この答えは正しいでしょうか？

❖なぜ営業利益で判断してしまうのか

このような答えをする方に対してまず確認したいことは、なぜ営業利益を見て判断しようとするのかということです。

「なぜ営業利益を見るのか」と言いましたが、これはある意味、当然のことです。それは、図表4-1のようなカタチを与えられているからです。

図表4-1の中で使えそうな利益は営業利益くらいしかありません。上の方にもう一つ、売上総利益という利益もありますが、こういうときも人は営業利益を見るものです。なぜなら、人には最後にくるものが重要な情報だと考える強い習性があるからです。だから紅白歌合戦でも誰がトリかが毎年話題になり、リレーのアンカーは一番足の速い花形選手と相場が決まっているのです。

営業利益を見て「強化すべきは部門A、撤退すべきは部門C」と答えるのは、現実の役員会でも典型的に見られる答えです。**分かっていない人ほど、とにかく最後を見ます。**

みなさんの会社の役員会の面々を思い浮かべてみてください。どれだけの人が会計のバックグランドをお持ちでしょうか。おそらく、ちゃんとした会計のバックグラウンドをお持ちの役員は、経理担当役員と経営企画担当役員くらいです。会計に関する教育をちゃんと受けたことのある人がほとんどいない日本企業においては、その方たちでさえ怪しいかもしれません。

ただ、会計の深い知識をすべての役員が持つべきかというと、それは非現実的な話ですし、必要でもありません。役員は、会計のことを深く学ぶ暇があったら、その企業の主たる事業のことを一生懸命考えた方がむしろ健全です。

重要なことは、会計の非専門家であっても、意思決定を間違えないカタチを用意してあげることです。

❖売上高に正比例する「限界利益」に注目する

営業利益が、部門Aが最大で、部門Cがマイナスであるというのは、確かに事実です。しかし、これはバックミラーに映った静止画像です。通り過ぎてきた過去の事実です。

今、我々が見たいのは、ある部門を強化したり、ある部門を撤退したりというアクションをとったときに、会社の数字が未来に向かってどのように変化するかという、未来に向かっての動画情報です。それを見て判断することが正しい意思決定につながるはずです。意思決定とは未来に関することだからです。

あらためて、販売を強化すべき部門から考えてみましょう。

販売を強化するとは、売上高を伸ばす努力をするということです。ということは、ここで解くべき命題は、**同じように売上高を伸ばしたときに最も利益が増える部門を見つけること**です。

それを見つける一番確実な方法は、各部門の売上高を増やしたときにそれぞれの利益がどのように変化するかをシミュレーションしてみることです。

そもそも、人間は未来のことを正確に言い当てることはできません。できることは、手持ちの情報を使って、それを変化させたときに数字がどのように変化するかというシミュレーションをすることぐらいです。

ここでは、話を簡単にするために、売上高を倍にするシミュレーションをしてみましょう。売上高を倍にするなど、およそ非現実的な前提だとは思いますが、分かりやすいので、とりあえず倍にすることを考えてみます。

ここで**重要になるのが費用の動き**です。費用のうち、変動費は売上高の増加に伴って増加しますが、固定費は固定のまま変化しませんので、その違いを踏まえてシミュレーションする必要があります。

固変分解をしたところ、売上原価と販売費が変動費で、それ以外は固定費だったとしましょう。そうであれば、変動費である売上原価と販売費は、売上高を倍にするのに伴って倍にし、それ以外の固定費はすべてそのままにして利益を計算すれば、合理的なシミュレーションができます。これで、売上高を倍にしたときに最も利益が増える部門が見つかるはずです。

これを地道《じみち》にやっていってもいいのですが、それがやりたいのならば、最初から図表4-2のようなカタチになっていたら、ありがたくないでしょうか。

シミュレーションのポイントは、**費用を変動費と固定費に分けた**ことです。未来に向かっての動画情報が見たいからです。動画情報ですから、費用も動くか動かないかという分類が重要なのです。

図表4-2は、費用を変動費と固定費に分けて、それぞれ上の方と下の方にまとめています。そして、売上高から変動費を引いたところで限界利益が計算されています。

限界利益の重要な性質は、売上高の変化に正比例することです。すなわち、売上高が2

図表4-2 費用を変動費と固定費に分けて、限界利益が見えるようにすると…

	部門A	部門B	部門C
売上高	10.0 億円	10.0 億円	10.0 億円
変動費			
売上原価	3.8 億円	3.6 億円	3.4 億円
販売費	0.8 億円	0.7 億円	1.0 億円
変動費合計	4.6 億円	4.3 億円	4.4 億円
限界利益	5.4 億円	**5.7 億円**	5.6 億円
固定費			
経費	0.8 億円	1.2 億円	1.3 億円
給与	1.2 億円	1.3 億円	1.4 億円
IT 関連費	0.7 億円	0.7 億円	1.0 億円
本社費配賦額	2.0 億円	2.0 億円	2.0 億円
固定費合計	4.7 億円	5.2 億円	5.7 億円
営業利益	0.7 億円	0.5 億円	△ 0.1 億円

限界利益最大
➡最も強化すべき

倍になったら限界利益も2倍になるということです。利益の変化は、以上、おしまいです。限界利益の下にある固定費は一切変化しません。

　ということは、売上高を2倍にしたならば、限界利益と同額の追加利益が得られるということです。つまり、限界利益が最大の部門Ｂが、売上高を２倍にしたときに利益が最も増える部門だということです。

ここまでくると、売上高を２倍にするなどという非現実的な前提でなくてもいいことが分かると思います。売上高の増加はせいぜい10％ぐらいが現実的でしょう。それでも結論は変わりません。なぜならば、限界利益は売上高の変化に対して正比例するからです。売上高が10％増えたならば、今見えている限界利益が10％増えて、以上、おしまいです。それが追加利益になりますから、結局、現在の限界利益が最大の部門Ｂが、売上高を増やす努力を最も注ぐべき部門だということになります。

❖限界利益の「額」で判断するか、「率」で判断するか

ここでは、話を簡単にするために、すべての部門の売上高が等しいものとしました。しかし、現実的にはこういうことはまずありません。売上高は部門によって異なるのが普通です。そのような場合は、どのように考えればいいでしょうか？

売上高が大きければ限界利益額も大きいのが普通です。売上規模が異なる部門を限界利益の額で比較するのは公平な比較にならないので、規模の大小によらずに比較するためには、限界利益率で判断するのがいいのではないかと考える人が少なからずいます。

しかし、その考え方は正しくありません。

額と率のどちらで判断するかは、同じような努力の投入によって、各部門の売上高をどのように伸ばせると考えているかによります。

同じような努力で各部門の売上高を〝同額〟増やせると考えているならば、限界利益率で判断すべきです。なぜならば、そのとき増加する利益額は、売上高増加額×限界利益率だからです。売上高増加額が同じならば、限界利益率が最大の部門の利益の額が最も大きく増加します。

一方、同じような努力で各部門の売上高を〝同率〟増やせると考えているならば、限界利益額で判断すべきです。なぜならば、限界利益は売上高の変化に正比例しますから、売上高を増やした場合に増加する利益額は、限界利益額×売上高増加率だからです。売上高増加率が同じならば、限界利益額が最大の部門が最も利益の額が増加します。

先ほどの「売上高を2倍にする」「売上高を10％増やす」というのは、いずれも後者です。

これは、どちらが正しいかということではありません。ただ、どちらが現実的な前提かというと、おそらく後者の「売上高を同率増やせる」という前提ではないかと思います。たとえば、売上高が５０００万円の部門と売上高が５０００万円の部門が、同じような努力で売上高をそれぞれ５００万円増やせるとはあまり思えません。売上高が５０００万円の部門にとっては10％増やすだけですが、売上高が５００万円の部門にとっては2倍にしなければならないからです。売上高を年収と読み替えてみれば、実感が湧くのではないかと思います。

いずれにしても重要なことは、前提としている仮定と整合的な方を選ぶということです。何となくの感覚で安易に「利益率」を選んではいけません。

❖共通固定費配賦額を引く前の利益に注目する

次に、撤退すべき部門を考えてみましょう。

先ほど述べたように、非常に多くの人が撤退すべき部門はCだと答えます。その理由は営業利益が赤字だからです。

営業利益が赤字であることを理由に部門Cを撤退すべきだという人は、部門Cを撤退すれば営業利益の赤字を取り除けると考えています。そうでなければ、営業利益が赤字であることを理由に撤退すべきということにはなりません。

しかし、**部門Cを撤退させても、部門Cに計上されている費用のすべてがなくなるわけではありません。**

勘定科目名からも想像がつくでしょうが、ここでの本社費配賦額は、本社の間接部門で発生した費用の総額が配賦されたものです。したがって、部門Cを撤退させても、その総額は変わりません。部門Cを撤退させても、部門Cに配賦されていた額が残された部門に追加配賦されるだけです。

それを明らかにするために、さらに図表4-3のようにカタチを変えてみましょう。図表4-2からの変更点は、**固定費を個別固定費と共通固定費配賦額に分けて、個別固定費**

図表4-3 本社費を配賦する前の部門利益が見えるようにすると……

	部門 A	部門 B	部門 C	合計
売上高	10.0 億円	10.0 億円	10.0 億円	30.0 億円
変動費				
売上原価	3.8 億円	3.6 億円	3.4 億円	10.8 億円
販売費	0.8 億円	0.7 億円	1.0 億円	2.5 億円
変動費合計	4.6 億円	4.3 億円	4.4 億円	13.3 億円
限界利益	5.4 億円	5.7 億円	5.6 億円	16.7 億円
個別固定費				
経費	0.8 億円	1.2 億円	1.3 億円	3.3 億円
給与	1.2 億円	1.3 億円	1.4 億円	3.9 億円
IT 関連費	0.7 億円	0.7 億円	1.0 億円	2.4 億円
個別固定費合計	2.7 億円	3.2 億円	3.7 億円	9.6 億円
部門利益	2.7 億円	2.5 億円	1.9 億円	7.1 億円
共通固定費配賦額				
本社費配賦額	2.0 億円	2.0 億円	2.0 億円	6.0 億円
営業利益	0.7 億円	0.5 億円	△ 0.1 億円	1.1 億円

部門利益が共通固定費を回収

を控除《こうじょ》した後に部門利益という利益を設けたことです。

個別固定費と共通固定費配賦額の違いは、固定費の発生源が局所的か横断的かの違いです。

個別固定費は各部門において局所的に発生する固定費です。したがって、部門が存続しているうちは固定的に発生しますが、部門がなくなれば丸ごとなくなる可能性があります。共通固定費配賦額は、部門横断的に発生する固定費や部門外で発生する固定費が配賦されたものです。ですから、ある部門をなくしても総額は変わりません。

部門Cを撤退させたときになくなる費用は個別固定費までですから、利益で言えば部門利益がなくなることになります。

少々正確に言うと、個別固定費がなくなると言える前提は給与もなくなることですから、撤退させたときにリストラすることが前提になります。もしリストラしないとすると給与は残りますから、その分、失われる利益は部門利益の額よりも大きくなります。したがって、**部門利益は「撤退したときに失われる利益の最小値」**です。少なくともこれだけの利益が失われるということです。

さて、本ケースもそうであるように、部門別損益計算書では基本的にどこかで配賦が行われています。何らかの切り口で細分化したセグメントに、セグメント横断的に発生している費用を割り振る必要があるからです。

ただ、ほとんどの人は、どこでどのような配賦が行われているかということはほとんど知らないまま、配賦後の最後の利益を見ます。人はとにかく最後を見るという強い習性があるからです。

ここでは配賦は各部門に均等になされていますが、配賦方法は他にもあり得ます。たとえば、各部門の人数比で配賦するという方法をよく見受けます。他にも各部門の専有面積比率など、いろいろあります。

ここで言いたいことは、「どういう配賦方法が望ましいでしょうか？」などということが言いたいのではありません。言いたいことは、**配賦方法は無限に存在する**ということです。そして、すべては人為的な計算方法に過ぎないということです。**配賦方法を変えれば、部門Cの営業利益を黒字にすることなど簡単にできます。**そんないくらでも変わり得る配賦後の利益を見て、「赤字だから部門Cは撤退」と多くの人は言うのです。

❖営業利益が赤字の部門を撤退すると会社が赤字に!?

こういうときは、客観的な事実に立ち返って考えるのが一番確実です。

客観的な事実とは、本社で6億円という本社費が発生しているという事実です。図表4－3を見れば、その本社費を、部門利益と名付けた各部門個別の利益が協力し合って回収しているという構図を見ることができます。

この部門利益は、本社費という共通費を回収することに貢献しているので、一種の貢献利益です。

部門利益は全部門ともプラスですから、どの部門も本社費の回収に貢献しています。それなのに、配賦後の営業利益が赤字だという理由で部門Cを撤退させたらどうなるでしょうか。少なくとも部門利益の1・9億円が失われるのです。全社の営業利益は1・1億円ですから、ここから1・9億円の利益が失われたら、全社の営業利益はマイナス0・8億円になります。全社的に赤字に転落するのです。

これがまさに崖に向かって全力疾走する状態です。

本当に多くの人が「営業利益が赤字だから部門Cはやめた方がいい」と言います。そして、みんなで一生懸命になって部門Cを潰《つぶ》しにかかります。その結果起こることは、自らの手で全社を赤字に転落させることなのです。悪気もなくやりますから、質《たち》の悪い話です。

本ケースでは部門利益がすべてプラスですから、積極的に撤退すべき部門はありません。ただし、**強化したい部門に経営資源を集中させるために、あえてどこかの部門を撤退させるということであれば、撤退はあり得ます。**定量的にも妥当性を持つ可能性があります。「積極的に撤退すべき部門はありません」と言ったのは、そういうことを考えずに、ただ単に部門Cを撤退させたら、確実に全社利益は悪化するということです。

❖管理会計のカタチとは縦方向のフォーマットのこと

ここまでのところで、「管理会計のカタチ」とは何のことを言っているのか分かったと思います。

私が言う管理会計のカタチとは、まずは損益計算書の縦方向のフォーマットです。

何らかの切り口で損益計算書を分割するところまでは、どこの企業もよくやっていることです。その典型例が図表4－1のような部門別という切り口です。このように、**何らかの切り口で分割した損益計算書を、一般的にセグメント別損益計算書と言います。**

何らかの切り口で損益計算書を分割するところまでは誰でもやるのですが、残念なのが、縦方向のフォーマットが財務会計のままであることです。あなたの会社の役員会で使っている資料も、予算管理で使っている資料も、財務会計のカタチのままではないでしょうか。

財務会計のカタチは、港で待っている貴族に結果を報告するためのものです。乗組員が海図や羅針盤とすべきカタチにはなっていません。その証拠に、多くの方が答える「強化すべきは部門A、撤退すべきは部門C」という答えは、いずれも間違っていました。

乗組員が海図や羅針盤として使えるようにするためには、単に損益計算書を分割するだけではダメなのです。縦方向のフォーマットを意思決定に役立つカタチにする必要があるのです。

そのカタチとは、**正しい意思決定のための基本的概念である限界利益や貢献利益を目に見えるようにしたもの**です。限界利益や貢献利益といった概念は、知っているだけではダメです。カタチにしなければダメなのです。

限界利益や貢献利益という概念を知っている人は、もしかしたら独自にそれを読み取って正しい意思決定をするかもしれませんが、それでは組織的マネジメントになりません。特定の、しかも少数の人の〝気付き〟に依存しているからです。

「自分は腕時計をしているから時間が分かる」と言っているだけではダメなのです。みんなが見えるところに掛け時計を掛けて初めて組織的マネジメントに役立つのです。それが、カタチにするということです。何度も言っていますが、人は目に見えるカタチで物を考えるのです。

ただし、最低限の時計の読み方を知っていることは大前提です。会計、特に管理会計の基本的なリテラシーがなければ、掛け時計も単なる飾りになるだけです。

❖多くの人が知らずに崖に向かって走っている

多くの人は、崖に向かって全力疾走して崖から落ちたとしても、崖から落ちたことに気付きません。なぜなら、図表4－3のような、管理会計でできた「地図」を見ることによって、初めてそこが崖だと分かるからです。多くの人が使っている図表4－1のような財務会計でできた「地図」を見ている限り、営業赤字である部門Cの撤退は崖ではなく、オアシスにしか見えないのです。

ですから、自ら崖から落ちて赤字に転落した企業は、なぜそうなったかが分からないままです。まさか赤字の部門Cを撤退させたことが原因だとは、夢にも思いません。

私が実際にコンサルティングの仕事をする中で、クライアントの社内で多くの人が「やめた方がいい」と言っている事業について、管理会計のカタチに組み替えてあらためて分析したところ、実はやめるべきではないという結論になったことが何度かあります。みんなが見てわかるカタチに組み替えて、筋道を通して説明すれば、「やめた方がいい」と言っていた多くの人もそれが間違いだったと納得します。

それは、崖に向かって全力疾走しようとしているところを私が止めたようなものです。たまたま私が関わったから止められましたが、おそらく世の中には、崖とも知らずに崖に向かって全力疾走して、崖から落ちてしまっている人がたくさんいるのではないかと思います。私たった一人でも、崖に向かって走ろうとしているのを止めた経験が何度かあることを考えると、かなり多くの人が、知らないまま崖に向かって全力疾走しているのではないでしょうか。

ただ、実際のところは誰にも分かりません。管理会計の地図を持っていない限り、崖から落ちたことは誰にも分からないからです。

4-2 赤字部門の立て直しを引き受ける人がいない！

❖人の評価も管理会計のカタチで変わる

前節のケースのF社では、営業利益が赤字の部門Cに誰かを部門長として送り込み、立て直してもらおうと考えました。

しかし、黒字化できなければ自身の評価が下がることが容易に予想されますから、赤字部門に進んで行こうとする人は誰もいません。

ここで演習問題です。

【演習問題10】
赤字部門の立て直しにモチベーション高く取り組んでもらうためには、どうしたらいいでしょうか？

念のため確認ですが、ここで問題にしているのは「どうしたら部門Ｃの営業赤字を解消できるか」ではありません。それは、誰かに部門長として行ってもらった後の話です。ここで問題にしているのは、それ以前のモチベーションの問題です。もう少し一般化するならば、人の評価の問題です。

すぐに思い付きそうな打ち手は、うまくいったらボーナスを支給するだとか、やりやすいように大幅に権限委譲するだとかいうような、人事・労務管理上のものだと思います。それらはもちろん有効ですが、本章では管理会計のカタチの話をしていますので、ここでも管理会計のカタチの側面から考えてみたいと思います。

❖部門の評価と部門長の評価は違う

管理会計のカタチを考える上で、非常に重要となる論点があります。それは、**部門の評価と部門長の評価は違う**ということです。

これは話を聞けば誰でも納得すると思います。しかし、明確に区別し、かつ、カタチにまで反映している企業は非常に少ないのではないかと思います。

では、部門の評価と部門長の評価は何が違うのでしょうか?

まず、**部門の評価は、組織上の評価**です。組織上の評価とは、部門という組織の一部が、企業という組織全体に貢献しているかどうかを評価することです。典型的には利益の貢献です。そうであるならば、評価対象は部門個別の利益であり、評価方法は他の部門との相対比較です。

これは多くの企業が経営会議などで普通にやっていることです。部門別損益計算書に基づき、利益が出ていれば褒められ、出ていなければ叱られるというのは、まさに部門個別の利益を相対評価しているということです。

問題は部門長の評価です。**部門長の評価は、人事上の評価**です。

部門長を人事上評価するとは、何を評価することなのでしょうか？

部門長はいわゆる管理職ですから、**部門長を人事上評価するとは、第一義的には、その人の管理能力を評価すること**のはずです。

部門長の管理能力を評価するわけですから、**部門長にとって管理可能な利益に限定して評価対象にする**ことが重要です。

多くの企業はここが曖昧《あいまい》です。自分の力ではどうにもならないことが自分の人事上の評価に含められていたら、「頑張っても頑張らなくても、どうせよく分からないところで評価されるんだろ」となるに決まっています。モチベーションなど湧くはずがありません。

評価方法も、他の部門との単純な相対評価というわけにはいきません。なぜなら、部門長は人によって負っているミッションが異なるからです。

たとえば、撤退というミッションを負った部門長は、利益を黒字化させられるわけがありません。それなのに、「利益が黒字でなければ評価しない」という考え方しかなかったら、その部門長は絶対に評価されません。

言うまでもなく、撤退するということは、その部門の組織上の評価がダメだったということです。しかし、そのことと、撤退をやり遂げた部門長の人事上の評価は違うのです。撤退するような場合は、赤字予算でいいのです。許容される赤字の範囲内で撤退することができたならば、部門長は人事的に十分に評価されていいのです。

したがって、部門長の評価方法は、**それぞれの予算達成率にすべき**です。

❖費用を管理可能性で分ける

評価対象を部門長が管理可能な利益にするためには、費用を管理可能性で分ける必要があります。**部門長にとって管理可能な費用が管理可能費、管理不能な費用が管理不能費で**す。これも管理会計特有の費用概念です。

ここではモチベーションを問題にしていますが、一般的に、**管理可能性による分類は管**

理責任の範囲を明確にする上で役に立ちます。

管理可能性は、管理者が誰なのかによって変わってきますから、誰にとっての管理可能性なのかを明確にする必要があります。一般的に、部長、課長、係長と役職が異なれば、費用に対する管理権限、決裁権限が変わりますから、場合によっては管理可能性の分類は階層化します。

管理可能性の分類が入り組んでいてシンプルにならない場合は、そもそも費用に対する管理権限・決済権限の仕組みが複雑すぎたり、場合によっては管理職の階層が多すぎたりするのが根本的な原因の可能性もあります。これは管理会計以前の問題ですが、管理職の階層が多すぎて管理可能性の分類がうまくいかないケースは、日本企業では時々見られます。

❖「管理会計のカタチ」のひな形

ここまでのところをまとめると、図表４－４のような「管理会計のカタチ」のひな形が

Step3

個別固定費を管理可能性で分ける

売上高	XXX	
変動費	XXX	
限界利益	XXX	← 強化の判断
管理可能個別固定費	XXX	
管理可能利益	XXX	← 部門長の評価
管理不能個別固定費	XXX	
部門利益	XXX	← 部門の評価
共通固定費配賦額	XXX	
営業利益	XXX	← 共通固定費回収責任の評価

できあがります。

「ひな形」と言ったのは、これが唯一のカタチではないからです。管理会計は制度ではありませんから、会社によっていろいろなカタチがあっていいですし、いろいろなカタチがあるべきです。

重要なのは、このひな形を理解し、これをベースにして、それぞれの企業の業種特性や経営課題に応じた独自のカタチにアレンジしていくことです。

本章のケースの復習を兼ねながら、図表4－4を見ていきましょう。

最初に、どの部門を強化すべきかを考えるときにやったのは、**費用を変動費と固定**

図表4-4「管理会計のカタチ」のひな形

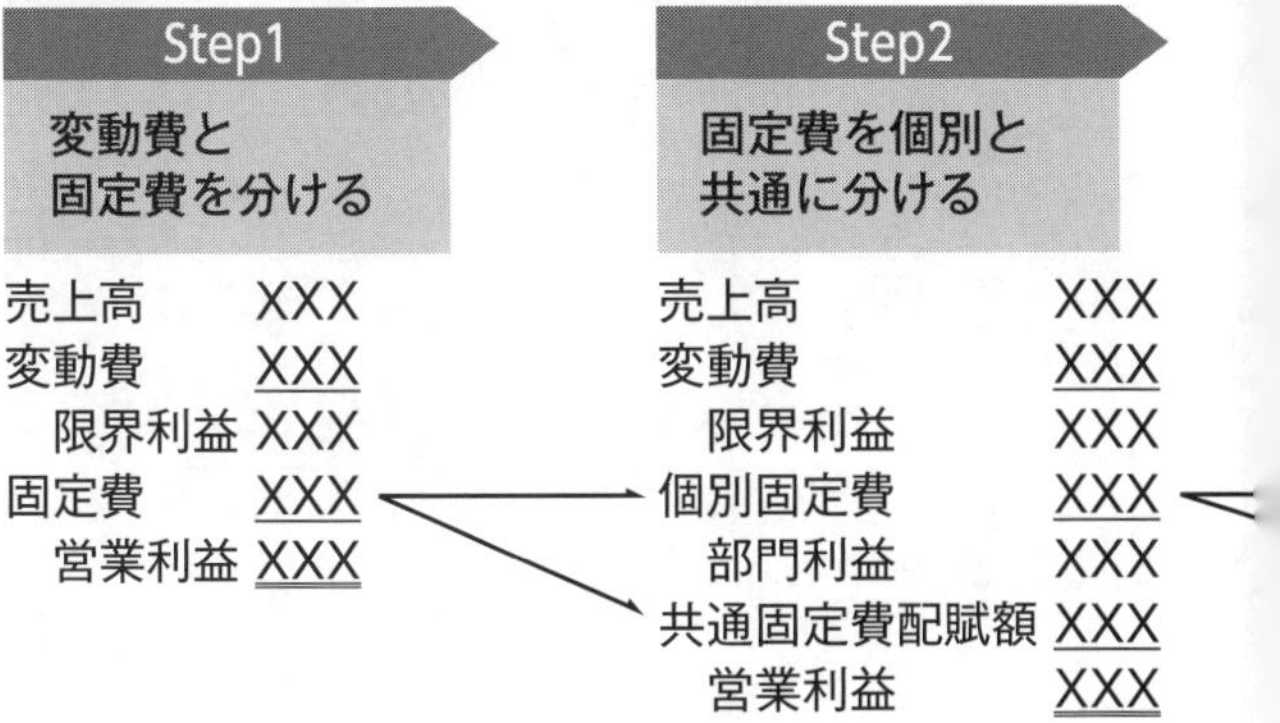

Step1 変動費と固定費を分ける		Step2 固定費を個別と共通に分ける	
売上高	XXX	売上高	XXX
変動費	XXX	変動費	XXX
限界利益	XXX	限界利益	XXX
固定費	XXX	個別固定費	XXX
営業利益	XXX	部門利益	XXX
		共通固定費配賦額	XXX
		営業利益	XXX

費に分けて限界利益が見えるカタチにすることです。これがＳｔｅｐ１です。

次に、どの部門を撤退させるべきかを考えるときにやったのは、**固定費を個別と共通に分けて部門個別の利益が見えるカタチにする**ことです。部門個別の利益とは、別の言い方をすれば配賦前の利益です。これがＳｔｅｐ２です。

そして最後に、**個別固定費に対して管理可能性の分類を適用して、管理可能個別固定費と管理不能個別固定費に分けます。**

ここで、個別固定費に対してだけ管理可能性の分類を適用するのは、このひな形におけるある仮定があるからです。それは、管理可能性の混在があるとすれば、それは個別固定費だけであるという仮定です。もし、この仮定がそれぞれの企業の実情に合わなければ、ここからアレンジする必要があります。

ただ、個別固定費の上にある売上高と変動費は部門長にとって管理可能なのが普通でしょうし、個別固定費の下にある共通固定費配賦額は、本社費配賦額のように天から降ってくるものですから、どう考えても管理不能です。となると、管理可能性の混在があるのは個別固定費ぐらいですから、おそらくこの仮定は当てはまる企業が多いのではないかと思います。

この仮定が正しければ、管理可能個別固定費までが管理可能で、管理不能個別固定費以降が管理不能ということになります。そこで、管理可能個別固定費を引いたところに管理可能利益を設けたのが、Ｓｔｅｐ３です。

本節の元々の問題であったモチベーションの話に戻れば、管理会計のカタチとしての解決策の一つは、**管理可能利益で部門長を評価する**ことです。

ただ、これは、人の評価の問題に対する解決策というよりも、それ以前の大前提の話ではないかと思います。自分で管理できるものと管理できないものが峻別《しゅんべつ》されていない指標で人事上の評価をされたら、誰だって「やってられないよ」という思いになるはずです。

ただし、付言《ふげん》しておくと、組織上の評価と人事上の評価が結果的に一致することはいくらでもあり得ます。たとえば、「業績不振の責任をとって社長が引責辞任」というようなニュースを時々見聞きしますが、これは業績不振という組織上の評価の責任をとって、社長自ら人事上の責任をとるということですから、組織上の評価と人事上の評価が完全に一致しているケースです。

ここで言いたいことは、管理可能個別固定費と管理不能個別固定費という本質的に違うものは、管理会計のカタチにおいても違うように見せるべきだということです。人は目に見えているカタチで物を考えるからです。

カタチを考える上では、評価対象も評価方法も、組織上の評価と人事上の評価で同じというわけにはいきません。

4-3 望ましい配賦方法とは？

❖配賦方法は会社によってさまざま

部門のような何らかの切り口で分割したセグメント別損益計算書では、これまで見てきたように、ほぼ例外なくどこかで配賦が行われています。利益をセグメントごとに見るためには、セグメント外で発生する費用やセグメント横断的に発生する費用を各セグメントに割り振る必要があるからです。

本社間接部門の費用を他の部門に配賦する場合、4-1節のケースのように各部門に均等に配賦するというやり方もなくはないですが、あまり見られません。よく見られるのは、人数比に基づいて配賦する方法です。これは、「人数が多い部門は、それだけ本社からのサービスを受けているはずだ」という考えに基づいています。他にも、各部門の専有面積比率で配賦している例もあります。また、本社費などとまとめずに、それを構成する人件費や減価償却費などの科目ごとに配賦の基準を変えて、細かく配賦する例も見られます。

果たして、どのような配賦方法が望ましいのでしょうか？

そもそも、何をもって望ましい配賦方法と言うのでしょうか？

一般的には、公平性や客観性の高い配賦方法を望ましいと考える人が多いようです。配賦というのは他人が発生させた費用を負担するという「嫌なこと」ですから、嫌なことはみんなで公平にした方がいいし、そのためには主観によらないことが大切だということなのでしょう。

❖計算を精緻化するという方向性もあるが……

公平性や客観性を高める方法の一つとして、配賦計算を精緻《せいち》化するという方向性があります。

会計の専門家や学者などは計算の合理性を重視する傾向がありますが、精緻な計算は合理的な計算にもつながります。

具体的には、たとえば「本社費」などとまとめずに、それを構成する個々の費用ごとに配賦方法を変えるようなやり方です。本社費の実態は、本社間接部門で働いている人の人件費だったり、システムの減価償却費であったり、光熱費だったりします。これら個々の費用ごとに、たとえば人件費は人の作業時間、減価償却費はシステムの使用時間、光熱費は専有面積比率などと、それぞれに配賦基準を決めて細かく配賦するということです。

ＡＢＣ(Activity Based Costing：活動基準原価計算)と呼ばれる方法は、計算を精緻化する配賦方法の例です。

ただ、どんなに計算を精緻化しても、配賦は配賦です。配賦基準の決め方などで、計算結果はいくらでも変わります。

さらに、計算を精緻化するということは、計算の手間が飛躍的に増えることを意味します。計算自体はシステムが不満も言わずにしてくれるでしょうから、そこは実務上も問題になることはあまりありません。問題は、人の作業時間やシステムの使用時間などの配賦基準を測定する手間です。計算を精緻化すればするほど、毎日、膨大な量の配賦基準を測定しなければならなくなります。

そこまで手間をかけることが、それによって得られるベネフィットに見合っているかというのは、少々疑問です。

❖配賦は〝意図的に不公平〟でもいい

私は、配賦には必ずしも公平性や客観性は必要ないのではないかと考えています。計算の合理性も特に必要ないのではないかと思っています。

配賦方法には絶対的な正解はないので、どのような配賦方法にするかはそれぞれの会社が考えるしかありません。ただ、それを考える大前提として、そもそも配賦はなぜやるのかというところを理解しておくことは重要です。

会計学者などは配賦をする理由について何かと難しく言うかもしれませんが、私が思っている配賦の理由は単純です。

たとえば本社費は、本社自らは賄《まかな》えません。本社の法務部も経理部も人事部も売上が立たないからです。しかし、会社を会社たらしめるためには本社機能が必須ですから、本社が発生させた費用は売上が立つ、いわゆるプロフィットセンターが協力して賄ってあげる必要があります。その賄い分担額を明示するのが配賦です。

そうであるならば、**賄う能力のある部門が賄うというやり方があってもいい**はずです。そういうやり方は間違いなく不公平になります。どこかの部門が集中的に負担をし、全く負担しない部門もあり得るからです。ただ、そのような、いわば〝意図的に不公平な配賦〟というのもあっていいと思うのです。

そういう考え方が特に必要なのは、新規部門を立ち上げたようなときです。

新規部門は当面は利益が出ないのが普通です。それなのに、そこに本社費を配賦したら赤字の上塗りになるだけです。そして、人は配賦後の最終利益を見ますから、「大赤字じゃないか」と批判されるようになります。それで潰されるようなことにでもなったら、しばらくは利益が出ないことを承知の上で将来のために新規事業を始めたはずなのに、本末転倒です。

潰されないとしても、配賦後の利益で評価され、黒字化のプレッシャーに晒されたら、人は手っ取り早く利益が出ることをやるに決まっています。人は採点基準通りに行動するからです。その一方で、「斬新な事業を起こせ！」「イノベーションを起こせ！」と言われても無理な話です。手っ取り早く利益が出ることは、昨日の延長線上で考えたことですから、そんなところから斬新なアイデアもイノベーティブなことも出てくるわけがありません。

こういうときは、**新規事業部門には配賦しないという〝意図的に不公平な配賦〟をすればいい**のです。

新規事業部門は、家族の中で言えば生まれたばかりの赤ん坊と同じです。成長は一番期待できますが、経済力はゼロです。そこに配賦しようというのは、「赤ん坊だろうと、家族の一員である以上、お前も生活費を入れなさい」と言っているのと同じです。これが配賦の本質です。

新規事業部門に配賦をしないというのは、しばらく生活費のことは心配させずに、好きにやらせるということです。

多くの企業は配賦の計算技術に溺《おぼ》れがちですが、計算技術の前に配賦の意味を考えることの方が重要です。そういうことを考える方が、企業の競争力にとってはるかに意味があるはずです。

❖営業利益という一つの「メーター」だけでの管理は無理

意図的に不公平な配賦を可能にするためには、図表４－４のような管理会計のカタチを持っていることが前提になると思います。

図表４－４のカタチの意義の一つは、限界利益や部門利益などといった、管理目的に応じた複数のメーターが手に入るということです。そして、それらのメーターがすべて配賦前に設置されていることです。これによって、財務会計では非常に重視される営業利益が、「割り当てた賄い分担額を全《まっと》うしたかどうかだけを見るメーター」になっています。これなら、意図的に不公平な配賦も受け入れられるはずです。

逆に言えば、**配賦後の利益で、目的の異なるいろいろなことを評価しようとするから、**

配賦方法で揉《も》めるのです。組織の強化・撤退も、人の評価も、管理目的が異なります。それを、営業利益のようなただ一つのメーターで管理しようとしているところに無理があるのです。

非常に細かい複雑な配賦計算をしている人たちは、もしかしたら、計算技術を駆使《くし》したら万能のメーターができあがると無意識に思っているのかもしれません。しかし、それは絶対に無理です。どんなに高性能なスピードメーターであっても、ガソリンの残量は絶対に分かりません。管理目的が異なるものには、それ相応の別のメーターを用意するしかないのです。

配賦に関して揉め事が絶えないのは、複数の管理目的をたった一つのメーターで管理するという解決しようのない問題を、計算技術の駆使という解決できない方法で解決しようとしているからです。

❖「財管一致」は必要か？

巷《ちまた》では「財管一致」ということが言われることがあります。「財務会計と管理会計は一致させるべきである」という考え方です。

しかし、**財務会計で使う損益計算書は、限界利益や貢献利益などの管理会計の概念を組み込んだカタチに組み替えないと、そのままでは正しい意思決定には使えません。**実際、財務会計のカタチに基づいて考える多くの人は、強化すべき部門も撤退すべき部門も間違えて答えました。

そもそも、財務会計と管理会計は、情報の利用者も使用目的も根本的に異なります。財務会計の主な利用者は税務当局と株主であり、その目的は税金計算と配当計算です。管理会計の利用者は会社内部の経営管理者であり、その重要な目的は意思決定です。これだけ違うものが一致するわけがありません。

管理会計の目的の一つは財務会計の結果をマネジメントすることでもありますので、両者が有機的に連携していることは必要です。その前提で、必要に応じて一方から他方へいつでも組み替えられることが担保されていれば十分です。常に一致している必然性も必要性もありません。

ただし、財務会計と管理会計のカタチが異なっていると混乱が生じやすいのも事実です。会計という武器を最大限に有効活用するためには、財務会計と管理会計の違いを理解しており、それぞれで異なるカタチを用いても混乱しないだけの会計リテラシーが必要です。

現実的にはそれがなかなか難しいので、不要な混乱を避けるために、財務会計と管理会計を常に一致させておくのが良しとされているような気がします。

4-4 細分管理をしないグーグルとアップル

❖売上高をいちいち追求しないグーグル

会社がどういう管理会計の仕組みを構築するかはビジネスそのものの成否を左右すると、第1章で述べました。その典型例として、本章の最後に、グーグル（正確には、その親会社であるアルファベット）とアップルを紹介したいと思います。

グーグルは検索エンジンの提供から始まった企業ですが、ご存じのように、現在はGmail、Google Map、ストリートビューなど、さまざまなサービスを提供しています。YouTubeもそうですし、スマートフォンのOSであるAndroidも提供しています。

ところが、これらのサービスから得ている売上高はわずかで、2021年度の売上高を見ると、総額2576億ドルに上《のぼ》る売上高のうち、81％の2094億ドルが広告事業によるものです。

「グーグルは、ここ［広告事業：引用者注］で潤沢な資金を稼ぎ出し、それをインターネットやクラウド・コンピューティングの発展のために惜しみなく再投資している」（辻野晃一郎著『グーグルで必要なことは、みんなソニーが教えてくれた』新潮文庫）のです。

彼らは広告事業以外からは直接売上をあげることを最初から考えていません。実際、ほとんどのサービスは無料ですから、売上が発生していません。

それが可能なのは、「ネット環境やクラウド環境を進化させることが、インターネットユーザーやトラフィックの数をどんどん増やし、結果的には自分達の広告収入の増加に還元される、という大きくて盤石な循環系を成立させている」（同前書）からです。この、「循環系」のビジネス・モデルが前提にあるために、個々のサービスの売上高を気にする必要がないのです。

❖細分化して利益を管理しないからイノベーションが生まれる

グーグルは、複数のビジネスを密接不可分の循環系と捉えていますから、利益をセグメントに分けて管理するということをしていません。全体最適のみが重要なので、「独立採算にしない」(エリック・シュミット他著『How Google Works』日経ビジネス人文庫)と明言しています。

もしこういう考え方がなかったら、たとえばストリートビューのようなサービスは、今この世の中になかったでしょう。

ストリートビューは、ネット上で街並みの画像が見られるサービスです。やっていることは、クルマの上にカメラを載せて至る所を走り回り、風景を撮影することです。

これを普通の会社がやろうとしたら、おそらく企画の段階でボツです。クルマの上にカメラを載せて風景を撮影しまくるのは面白いかもしれませんが、「でも、これ、どこから売上があがるの?」と突っ込まれ、「遊びじゃないんだぞ」と言われておしまいです。

グーグルの場合は、ストリートビューというサービスから売上を上げることを最初から考えていないため、できてしまうのです。そして、それが参入障壁にもなっています。売上が立たないビジネスは、普通の会社にはできないからです。

グーグルでは各サービスは稼ぐことを考えなくていいわけですから、技術者たちはお金のことから解放され、技術的な活動だけに集中できます。グーグルの技術者たちにとって、仕事とはいい意味で「遊び」なのです。だから、グーグルは次から次へとイノベーティブなことを連発できているのです。

❖一夜にしてiPodに牙城を崩されたウォークマン

現在は、ほとんどの人がスマートフォンで音楽を聴くと思いますが、iPhoneを世に出す少し前、アップルはiPodという携帯型の音楽再生プレーヤーを発売しました。

携帯型の音楽再生プレーヤーといえば、かつてはソニーのウォークマンの独壇場でした。競合他社から類似製品が販売された時期もありましたが、本家本元のソニーには歯が立たず、結局淘汰《とうた》されて知らないうちに市場から消えていきました。それほど、ウォークマンの一人勝ち状態でした。

ところが、アップルのiPodの登場によって、ウォークマンは一夜にしてその牙城《がじょう》を崩されました。


アップルがiPodを世に出したとき、ソニーはiPodと全く同じことをやろうと思ったらできました。iPodと同じことを実現するのに必要な要素を、ソニーは当時、すべて持っていたからです。

ネットによって音楽を配信する仕組みにしても、世界で初めて実現したのは、実はソニーです。また、音楽の配信には優良な音楽コンテンツが不可欠ですが、ソニーはグループ内にソニーミュージックという有力なレーベルを持っています。そして、実績抜群の再生プレーヤー、ウォークマン。それ以外の細かいものも含めて、当時のソニーに不足している要素はありませんでした。

それでも、できなかったのです。


その理由の一つは、当時、ソニーがカンパニー制を採用していたことにあると私は考えています。

カンパニー制とは、法的な会社ではないけれども、会社に準ずる独立性を持って事業を管理する形態です。当然、独立採算性です。

当時、ウォークマンを担当するカンパニーは、水面下でiPodと同様のことを実現するためのプロジェクトを進めていました。ところが、他のカンパニーから横槍《よこやり》が入ったのです。音楽のネット配信なんかをされたらＣＤが売れなくなるなど、既存ビジネスに打撃を与えるからです。

若い人はもはやＣＤなど見たこともないかもしれません。そんな今からは考えられない話ですが、音楽の記録媒体の主流がまだＣＤだった当時は、そういう摩擦《まさつ》が当然のように生じたのです。

横槍を入れられ、他のカンパニーの協力を得られないウォークマン部隊にとって、やれることは再生プレーヤーというハードウェアの性能を上げることだけです。それで行き着いた先が、ノイズキャンセリングであり、ウォータープルーフであり、ハイレゾです。ハイレゾの音質は素晴らしく、多くの人が「音質だったらウォークマン」と言いますが、当時、圧倒的多数の消費者が選んだのは、音質で劣るiPodでした。

❖ウォークマンはなぜｉＰｏｄに敗れたのか

消費者は、もはや高性能な再生プレーヤーという〝モノ〟を欲しがっているのではなく、好きなアーティストの音楽をネット経由で安く買え、半導体の塊《かたまり》のような小さく軽いプレーヤーで、好きなときに好きな場所で音楽を楽しめるという、一連の〝コト〟を欲しがっています。そういうコトを実現するためには、モノをただ持っているだけではダメです。

ウォークマンがiPodに敗れた原因を一言で言えば、組織内がバラバラだったからです。そうなった理由の一つは、カンパニー制という、管理単位を細分化する管理形態をとっていたからです。**管理単位を細分化すると、典型的な弊害として、コラボレーションが阻害《そがい》されます。**

実際、ソニーの水面下でのプロジェクトに途中まで関わっていた米ユニバーサル・ミュージックの担当者は、「ソニーは社内で部門同士が争っていました」(ウォルター・アイザックソン著『スティーブ・ジョブズⅡ』講談社＋α文庫)と言っています。

では、アップルはどうだったのかというと、現ＣＥＯのティム・クックは「アップルには、損益計算書を持つ『部門』はありません。会社全体で損益を考えるのです」(同前書)と言っています。つまり、アップルには損益計算書はただ一つということです。

ソニーとアップルの明暗を分けた一つには、間違いなく管理会計の違いがあります。だから私は、管理会計の優劣がビジネスそのものの成否を分けると思っているのです。

❖グーグルとアップルの共通項

グーグルとアップルに共通しているのは、利益を細分化して管理していないところです。細分化すると、どうしても業績の悪いセグメントが気になってしまいます。赤字部門や赤字製品を許容できなくなります。

管理単位を細分化していないと、全体として所定の利益が出ていればそれでいいという、全体最適の視点を持てます。その結果、赤字部門や赤字製品を許容できるようになります。「利益のことは考えなくていい」と言われれば、担当者たちは自由に仕事ができ、結果的にイノベーティブなものが生まれやすくなります。

このような、利益責任を緩《ゆる》くして好きにやらせる、いわば〝遊ばせモデル〟は、特にイノベーションを起こしたい企業にとってはヒントになる可能性があります。


〝遊ばせモデル〟にも、どこまで遊ばせるかによって、いくつかの種類があります。

4－3節で述べた「意図的に不公平な配賦」は、「家の生活費は負担しなくていいけど、自分のことは考えてね」ということですから、これは現実的な〝遊ばせモデル〟です。

それに対してグーグルは「広告事業で稼いだお金をそっちに回すから、売上高も何も気にせず好きにやっていい」ということですから、究極の〝遊ばせモデル〟です。


ただ、グーグルやアップルが利益を細分管理せず、最初から会社全体で全体最適を考えられるのは、両社にもう一つの共通項があるからかもしれません。それは、カリスマ的な強力なリーダーシップの存在です。それがなかったら、おそらく両者のような管理形態は難しいでしょう。

❖グーグルやアップルがベストではない

世界有数の企業であるグーグルやアップルがこういうやり方をしているからといって、それを真似《まね》したらすべての会社がうまくいくというわけではありません。そもそも、グーグルやアップルのやり方がベストだと言っているわけでもありません。

確かに、イノベーティブなことをやりたいと思っている企業にとっては、グーグルやアップルのように管理単位を細分化しない方法は大いにヒントになるでしょう。しかし、事業部制やカンパニー制が向く場合もあります。管理単位を究極のサイズまで小さくしたアメーバ制などというやり方もあります。マトリックス制のようなやり方もあります。

重要なのは、業種の特性、組織のあり方、そして経営課題との整合性を考えて、それぞれの企業のそれぞれの局面に応じた管理会計のカタチを、自分たちで模索し、構築することです。

だから、管理会計は会社の数だけあっていいし、会社の数だけあるべきなのです。

第5章

その投資はするべき？

5-1 儲かるかどうかは、どう判断する？

❖費用対効果？　投資対効果？

設備やシステムの導入を検討するとき、「費用対効果」と言う人と「投資対効果」と言う人がいます。この2つの言い方は何が違うのでしょうか？

「費用」と言うと何となく後ろ向きな、ネガティブなイメージで、「投資」と言うと何となく前向きな、ポジティブなイメージを持っているかもしれません。

しかし、両方ともやっていることは全く同じです。キャッシュ・アウトです。ネガティブもポジティブもありません。

では、違いは何かというと、それはキャッシュ・アウトの効果の長さです。

キャッシュ・アウトの効果が同一年度で完結する場合、それを費用と言います。それに対して、**キャッシュ・アウトの効果が複数年にわたる場合、それを投資と言う**のです。

したがって、設備の導入もシステムの導入も、基本的に投資です。高いお金を払って購入した設備やシステムを、まさか購入した年だけ使おうと思っている人は、普通はいないでしょう。

ですから、設備やシステムの導入を評価する際は「費用対効果」と言ってはいけません。「投資対効果」です。

投資はキャッシュ・アウトの効果が複数年にわたるものなので、**投資を評価する際の最大のポイントは、複数年にわたる効果をどのように評価するか**ということになります。

❖儲かったかどうかは、キャッシュが増えたかどうか

それでは、投資の評価はどうすればいいのでしょうか？　次のケースで考えてみましょう。

【演習問題11】

G社では、新たなサービスを顧客に提供するために、新しいシステムを導入することを考えています。購入額は1億円で、システムの取得時に一括で支払います。

このシステムは今後5年間使用することができ、その間に得られる売上高は図表5－1のように見込まれています。

一方、システムのランニングコストが毎年1000万円発生し、それ以外にシステムの減価償却費が毎年2000万円発生します。

このサービスは儲かるでしょうか？

図表5-1 G社の新サービスの売上高の見込み

1年目	2年目	3年目	4年目	5年目
3,200万円	3,200万円	3,000万円	2,700万円	2,700万円

図表5-2 1年目・2年目の利益

売上高	3,200万円
ランニングコスト	△1,000万円
減価償却費	△2,000万円
利　益	200万円

「儲かるでしょうか？」と聞かれて、みなさんはどのように考えるでしょうか？

そもそも、「儲かる」とはどういうことでしょうか。

多くの人は、「儲かるとは利益が出ること」と答えます。では、本ケースの利益をちょっと計算してみましょう。

最初の２年間の利益は図表５－２のようになります。これを見ると、利益が出ています。ということは、「２年目までは儲かる」と言えるのでしょうか？

みなさんは、どういうときに「儲かった」と思いますか？

たとえば、３００円で宝くじを買って、それ以上の金額が当たったようなときに「儲かった」と思うのではないでしょうか。

これが「儲かる」の基本です。つまり、**使ったお金を上回るお金を取り戻した状態を「儲かった」と言う**のです。

企業においても同じです。使ったキャッシュを上回るキャッシュを取り戻す場合に「儲かる」と言うのです。あくまでも、お金、キャッシュです。

では、あらためて本ケースをキャッシュで考えてみましょう。

まず、システムを購入したときに1億円のキャッシュが出ていきます。その後、売上高を得ることによってキャッシュが増加します。一方、ランニングコストはキャッシュを減少させます。

問題は減価償却費です。

減価償却費というのは、システムの取得のために既にキャッシュ・アウトした1億円を、その後何年間かにわたって費用として分割計上するものです。したがって、**減価償却費という費用が計上されても、キャッシュが出ていくわけではありません。**キャッシュの支払いは取得時にすべて済んでいるのです。

ということは、このシステム導入による5年間のキャッシュの動きは図表5－3のようになります。

合計を見てください。5年間で取り戻す正味のキャッシュは9800万円です。1億円

図表5-3 5年間のキャッシュの動き

	1年目	2年目	3年目	4年目	5年目	合　計
売上高	3,200万円	3,200万円	3,000万円	2,700万円	2,700万円	1億4,800万円
ランニングコスト	△1,000万円	△1,000万円	△1,000万円	△1,000万円	△1,000万円	△5,000万円
正味のキャッシュの増分	2,200万円	2,200万円	2,000万円	1,700万円	1,700万円	9,800万円

のキャッシュを使って9800万円のキャッシュしか取り戻さないわけですから、このシステム導入によるサービスは儲からないということになります。

❖投資の評価は〝ヨコの視点〟で

ここで、利益とは何なのかをあらためて考えてみましょう。

図表5-4を見てください。

会社では、同図表の仕事Aから仕事Dのように、いろいろな仕事が同時並行的に行われています。

このとき、たとえばx2年度の利益とは、x2年度にたまたま帰属《きぞく》した複数の仕事の利益を1年という細長いスリットで切り取って集計したものです。私はこれを、〝タテの視点〟と呼んでいます。

なぜ、タテの視点で切り取るかというと、それは「利益とは何に使われるものか」ということと密接に関係しています。

1-2節で説明したように、利益の制度的な意味は税金計算の基準値と配当計算の基準

図表5-4　タテの視点とヨコの視点

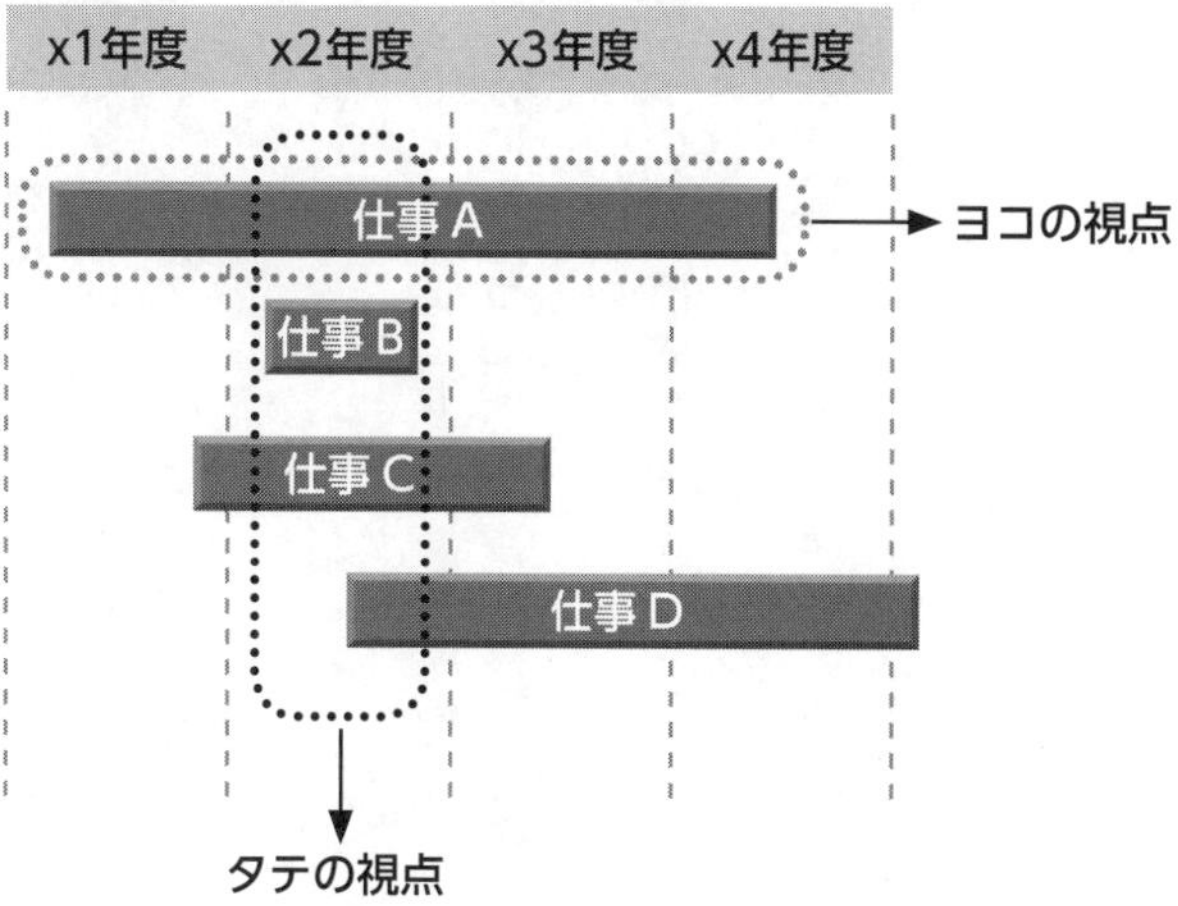

値です。税金は1年に1回計算して納めるものです。配当は、現在の法制度においては何回でもできるようになっていますが、これも元々は1年に1回行うものでした。税金も配当も1年に1回行うものだから、その基準値である利益は、1年というスリットでタテに切り取って集計する必要があるのです。

もし、費用の効果を考えたいならば、利益で考えても大きな間違いはしません。費用はキャッシュ・アウトの効果が原則として1年で完結するからです。

しかし、**投資の効果は利益では判断できません。**投資はキャッシュ・アウトの効果が複数年にわたるからです。複数年にわたるものを1年という断片で切り取っても、その全体像が分かるわけがありません。本ケースでも、最初の2年間を見る限りでは利益が出ています。しかし、投資としては儲かりません。

投資を評価する場合は、図表5-4の、いわば〝ヨコの視点〟で見る必要があります。ヨコの視点で見るとは、年度という人為的な区切りを飛び越えて、**その投資の効果が及ぶ年数全体にわたって、キャッシュで評価する**ということです。

❖減価償却の歴史的背景

ここまで読んでくると、減価償却という処理はなぜやるのかという疑問を持たれるかもしれません。キャッシュ・アウトもしていないのに減価償却費という費用を計上するのは、確かに何だか変な感じがします。そんなことをやるのは、なぜなのでしょうか。

減価償却という処理が行われるようになった背景には、投資に要した額を一気に費用にしたくない歴史的な事情がありました。それは、18世紀半ばから19世紀にかけて起こった産業革命です。

それまでのビジネスは人手《ひとで》が中心でしたから、製造業だとしても費用の中心は仕入れる原材料費と人件費でした。ところが、産業革命が起こると、蒸気機関を用いた機械や装置を使ったビジネスが誕生するようになりました。その代表例の一つが、蒸気機関車を使った鉄道事業です。

鉄道事業を行うためには、蒸気機関車はもちろんのこと、レールや駅舎など、多額の初期投資が必要です。株主や銀行から多額の資金を調達しなければなりません。設備投資に使った多額の資金をそのまま費用として計上してしまうと、投資をした年は利益が大幅な赤字になってしまいます。大赤字になる事業計画書を見せられてお金を出す人はいません。これでは多額の資金が調達できません。

このような状況を打開するために考え出されたのが、減価償却という会計処理方法です。減価償却は、設備投資に支払った金額を一気に費用とはせず、その設備を使用する年数にわたって分割して費用を計上するという方法です。複数年にわたって費用が平準化されますから、設備投資した年が大赤字になることがなくなります。

こうして、めでたく多額の資金調達が可能になり、鉄道事業をはじめとするさまざまな設備産業や装置産業が栄えていったのです。

❖減価償却は公平な配当のためでもある

歴史的な経緯を見ると、減価償却という処理は、多額のお金を使ったにもかかわらず利益が出ているように見せるための便法のように感じるかもしれません。しかし、理論的にもちゃんと妥当性があります。

それを理解するポイントは、やはり「利益とは何か」「利益とは何に使われる数値情報か」というところにあります。

利益は配当計算の基準値です。

ここでは、話を簡単にするために、その年の利益から配当をするということにしましょう。

もし減価償却という処理方法がなかったら、設備投資をした年に、その取得額の全額を費用に計上することになり、その年は大赤字になります。そうなると、その年に株主だった人には配当ができません。
一方、設備投資をした翌年度以降は既に取得した設備を使うだけですから、費用はほとんど発生せず、多額の利益が出ることになります。そうなると、設備投資の翌年度以降に株主になった人たちには十分な配当が行われることになります。これだと、どの時期に株主だったかによって、配当に関して不公平感が出てしまうことになります。

設備投資の翌年度以降の利益は、最初の苦労があったからこそなのに、苦労した時期に株主だった人には配当されず、苦労した時期を知らずに後から株主になった人には十分な配当がなされるというのは、さすがに公平性に欠けます。

新人選手を獲得し、育成した監督が辞めた後に、その選手が大活躍したら、活躍したときの監督だけが称賛され、苦楽を共にした最初の監督には何の報《むく》いもないようなものです。

減価償却という方法を使えば、投資額を分割して費用計上しますから、毎期の利益が平準化され、株主だった時期の違いによる不公平感が解消されるのです。

5-2 投資の評価で税金は無視できない

❖「よく分からないし、大した影響はないだろう」では済まない

投資の評価とは「使ったお金を上回るお金を取り戻せるか」を評価することです。投資の効果はすべてお金、すなわちキャッシュで見積もります。

キャッシュで見積もる際のポイントは、税金の影響を考慮することです。

税金などというと、何だか難しそうに感じるかもしれません。そう思うのは当然です。実は私もそうでした。

私の社会人のスタートは、一般企業の情報システム部門でした。そこではシステム投資の評価が重要な仕事の一つでした。私も担当役員などから、「そんな多額のシステム投資

をして、どれだけの投資対効果があるんだね？」とよく聞かれていました。そのとき、税金の影響を考慮していたかと言われると、正直なところ、一度もしたことはありませんでした。

その理由は２つです。

まず、税金のことがよく分かっていなかったからです。分かっていないことは考慮のしようがありません。

これは投資の評価にありがちな話です。投資の評価をする部署に、会計や税務に詳しい人はほとんどいません。投資の評価をするのは、たとえばシステム投資であれば情報システム部門、製造業における設備投資であれば製造部門だと思います。そういうところに、会計や税務に明るい人は、普通はいません。

もう一つの理由は、税金なんか考慮しなくても大した影響はないだろうという勝手な思い込みです。

これは、分かっていない人にありがちな思考です。分からないことは、考慮しなくてもきっと大したことはないと決め込んでしまうのです。一種の自己防衛反応です。

しかし、大したことはあるのです。**利益に対して課される法人税などの税率は約30％も**

あります。これを考慮しなくていいわけがありません。考慮するとしないとでは、計算結果が大きく変わってきます。

❖減価償却費はキャッシュ的にはプラス

税金の影響を考慮してキャッシュの増減を見積もるための基本ルールは次の通りです。まず、それぞれの要素(投資額やコスト削減額など)について、それ自身のキャッシュの増減額を考えます。

次に、その要素が利益に影響を与えるかどうかを考えます。利益に影響が出る場合は、その税率相当分の税金の増減が起こります。税金の増減は言うまでもなくキャッシュの増減をもたらしますから、それを最初に見積もったキャッシュの増減額に反映させます。

次のケースを使って、税金の考慮の仕方を具体的に見ていきましょう。

【演習問題12】
一括払いで1億円のシステムを購入します。
これによって紙の使用量が削減でき、毎年２０００万円の費用が削減できます。
一方で、減価償却費が毎年５００万円かかります。税率は30％です。
さて、税金への影響はどのようになるでしょうか？

まず、システム導入にかかる1億円のキャッシュが減少します。
この1億円は、購入時点では全額資産に計上されるだけで、費用にはなりません。つまり、損益計算書には何もインパクトがありませんから、この1億円に対する税金の影響はありません。

次に、紙の使用量を減らすことによる毎年の費用削減額２０００万円ですが、これはキャッシュ・アウトを伴う費用の削減ですから、２０００万円のキャッシュが増します。

一方で、費用削減によってそれだけ利益が増加しますから、その税率相当分である2000万×0・3円だけ税金が増えます。

税金の増加はキャッシュの減少になりますから、結局、

2000万－2000万×0・3＝2000万×(1－0・3)円

だけのキャッシュが増加することになります。これはシンプルに「税引後利益の額だけキャッシュが増加する」と考えてもいいでしょう。

最後は、毎年の減価償却費500万円です。

減価償却費自身はキャッシュの動きを伴いません。一方で、**減価償却費は費用なので、それだけ利益を減少させます。**ということは、その税率相当分である500万×0・3円だけの節税効果が生まれます。つまり、それだけキャッシュを増加させるということです。

減価償却費のような費用は、それ自身はキャッシュ・アウトしませんが、会計上は費用

なので、その税率相当分の節税効果が出るのです。この節税効果のことを、**タックス・シールド**と言います。タックス（税金）が漏れ出ていきそうなところに、シールド（盾《たて》）を立てて漏れ出ていくのを防ぐようなイメージです。

投資をする場合、減価償却費以外でタックス・シールド効果がある重要なものは、売却損と除却損です。

なお、売却益が出た場合は、それだけ利益が増加しますから、その税率相当分の税金が増え、キャッシュを減少させることになります。

❖減価償却は「定額法」より「定率法」の方が有利

税金の影響を考慮しなければ、減価償却方法として、定額法や定率法など、どれを選んでも、投資の評価には全く影響ありません。減価償却費そのものはキャッシュの動きを伴わないからです。

しかし、税金の影響を考慮すると、減価償却方法として何を選ぶかによって、投資の評

図表5-5 定額法と定率法

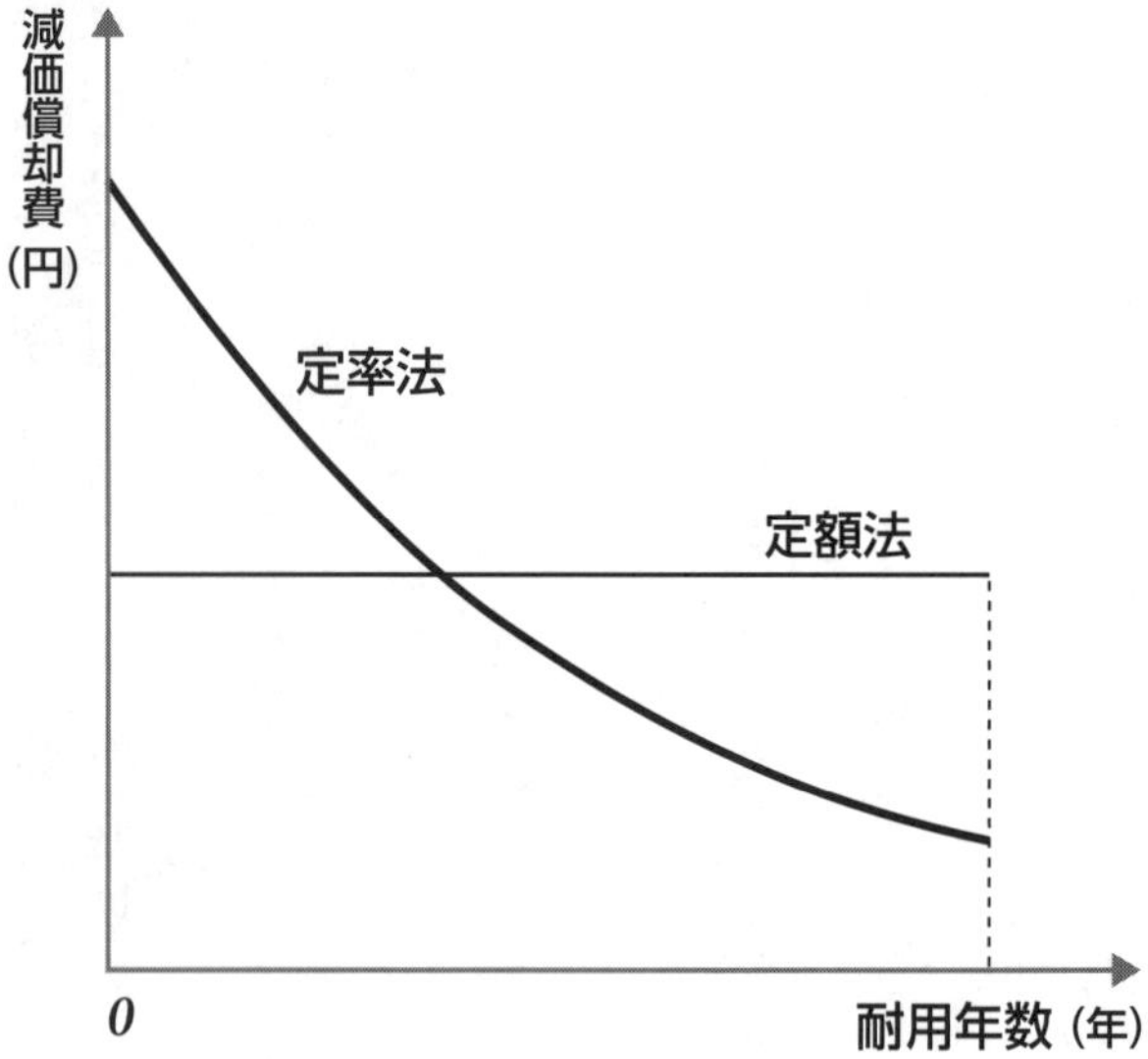

価が変わってきます。タックス・シールド効果が異なるからです。

減価償却の代表的な方法である定額法と定率法を比較してみましょう。

両者の減価償却費は、耐用年数にわたって図表5-5のように変化します。

減価償却費の総額はどちらの方法をとっても変わりません。減価償却は、取得時にキャッシュ・アウトした額を一定年数にわたって費用化する手続きですから、各年への分配の仕方が違うだけで、総額はいずれも取得時のキャッシュ・アウト額です。

総額は同じですが、毎年計上される減価償却費はかなり違います。

図表５－５から分かるように、定額法を採用した場合は、文字通り、減価償却費は毎年一定ですが、定率法を採用した場合の減価償却費は、前半に多く計上され、後半は少なくなります。

ということは、**定率法を採用した方が、早期に多額の節税が行われる**ということです。それだけ早期に多くのキャッシュが社内に留保されます。早期に留保されたキャッシュは、それだけ早期に何かに使えます。何かに使えれば、そこからまた新たな富が早期に得られます。たとえば、設備をどんどん新しいものに取り換えることが可能になります。

建物のように、税務上、定額法しか認められないものもありますが、多くの場合は定額法と定率法のいずれも選択可能です。そういう場合は、定率法を選択した方がキャッシュ的には有利です。

5-3 キャッシュの時間価値を考慮した投資の評価

❖キャッシュは早く手に入れるほど価値が高い

キャッシュは最も流動性の高い資産なので、この世の中に必ず運用機会があります。株式に投資することもできますし、投資信託を買うこともできます。微々《びび》たる金利かもしれませんが、銀行に預けるだけでも利息が付きます。新規事業に投資することもできます。

このように、キャッシュには必ず運用機会があるため、時間が経過することによって新たな価値を生んでくれます。ですから、どうせ同じ額を手にするなら、なるべく早く手にした方がいいのです。その時間差分だけ、新たな富が得られるからです。

時間の経過によってキャッシュが生み出す価値を、キャッシュの時間価値と言います。

この言葉を使えば、**時間的に早く得られるキャッシュの方が、時間価値が高い**という言い方ができます。まさに、「時は金なり」なのです。

複数年にわたる投資を評価するポイントは、このキャッシュの時間価値を考慮することです。厳密に言えば、１日違えばキャッシュの時間価値は異なります。短期間で完結する費用の効果を考える場合はそこまでシビアに考えなくてもいいと思いますが、投資はキャッシュ・アウトの効果が複数年にわたりますから、このキャッシュの時間価値を考慮することが重要になってくるのです。

❖キャッシュが増えても投資すべきとは限らない

図表５－６の２つの投資案件を考えてみましょう。

第1案は、１００万円の投資をし、その後3年間にわたって毎年40万円のキャッシュ・インが見込まれる投資案件です。

図表5-6 どっちの案件に投資すべき？

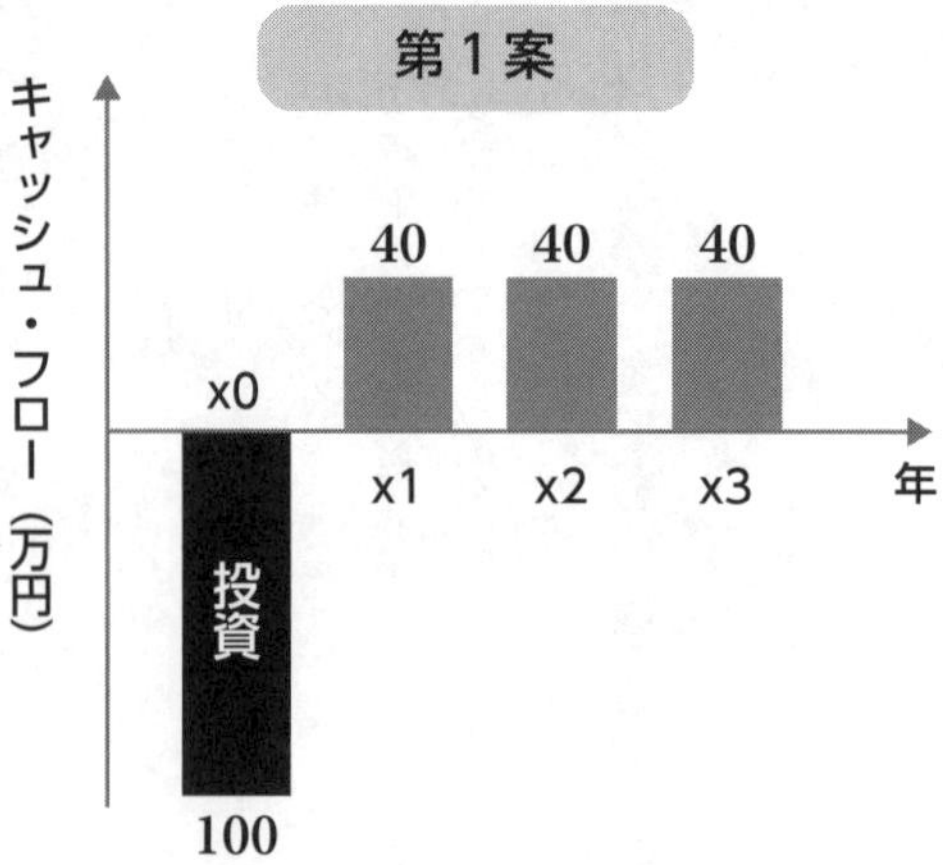

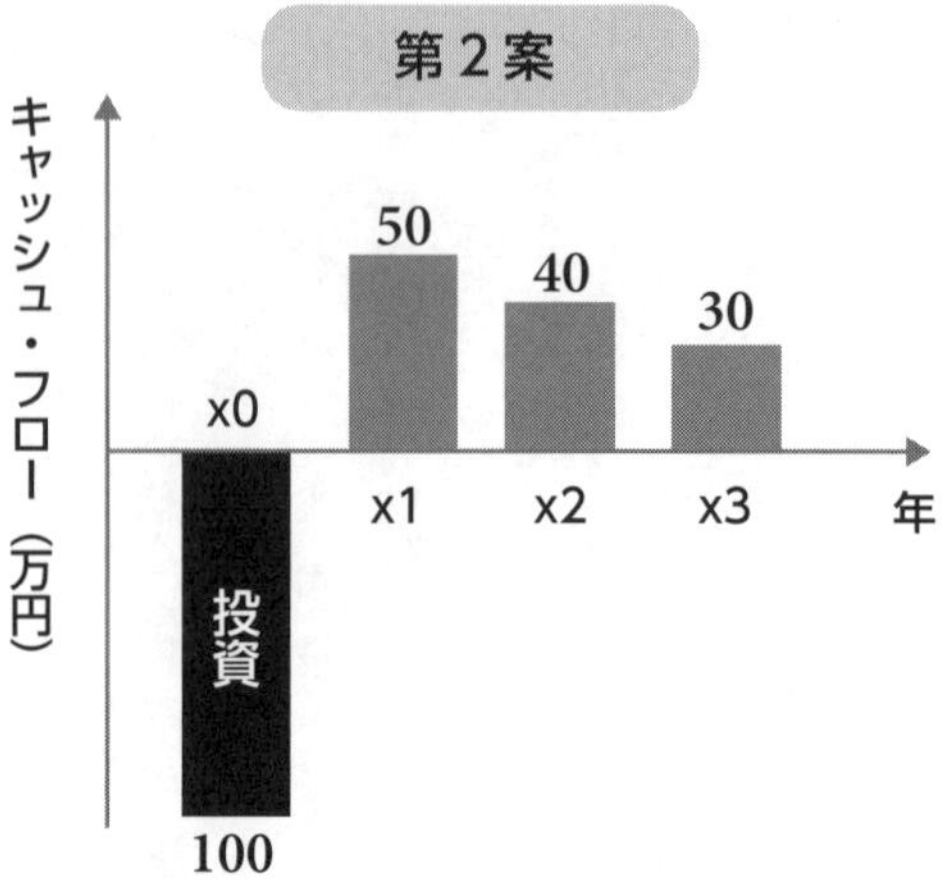

第2案は、同じく100万円の投資をし、その後3年間にわたって50万円、40万円、30万円というキャッシュ・インが見込まれる投資案件です。

いずれもキャッシュ・インの総額は120万円で、投資した100万円を上回っています。現在、投資に使う予定の資金100万円は、金利10％の銀行に預けてあるとします。夢のような高金利ですが、話を簡単にするために10％とします。

ここで、演習問題です。

【演習問題13】

第1案も第2案も、100万円を投資することで、3年間で120万円のキャッシュが得られる案件です。ということは、どちらも投資すべき案件だということでしょうか？

まず、第1案から考えてみましょう。

100万円をそのまま銀行に預けておけば、金利は複利計算ですので、3年後のx3年には100万×1.1^3円にできます（図表5−7(a)）。

一方、この100万円を銀行から下ろして第1案への投資に使えば、100万円に対する金利は得られなくなりますが、その代わりに毎年40万円ずつキャッシュが得られます。それを順次銀行に預け入れることにします。そうすると、図表5−7(b)のように、x1年に得られる40万円はx1年からx3年までの2年間の金利が付きますから、x3年には40万×1.1^2円にできます。同様に、x2年に得られる40万円はx2年からx3年までの1年間の金利が付きますから、x3年には40万×1.1円にできます。x3年に得られる40万円は、x3年時点ではそのまま40万円です。

したがって、第1案に投資した場合、x3年時点のキャッシュは（40万×1.1^2＋40万×1.1＋40万）円にできます。

図表5-7 X3年時点のキャッシュ

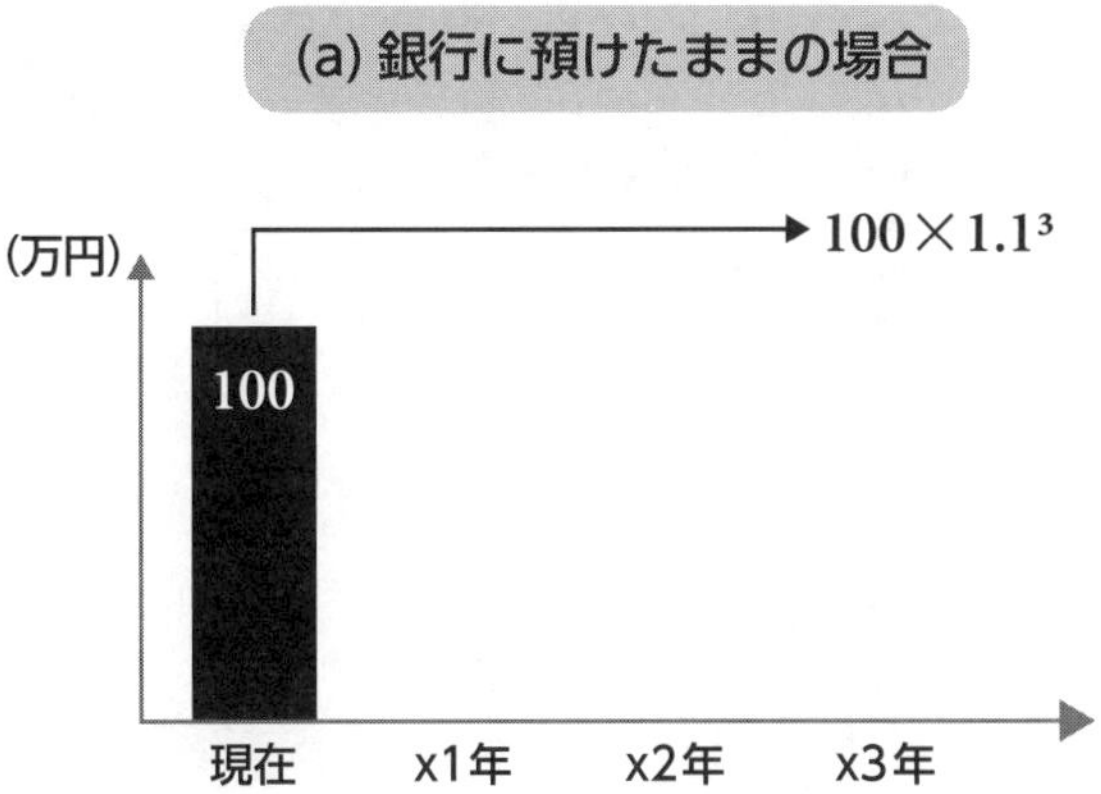

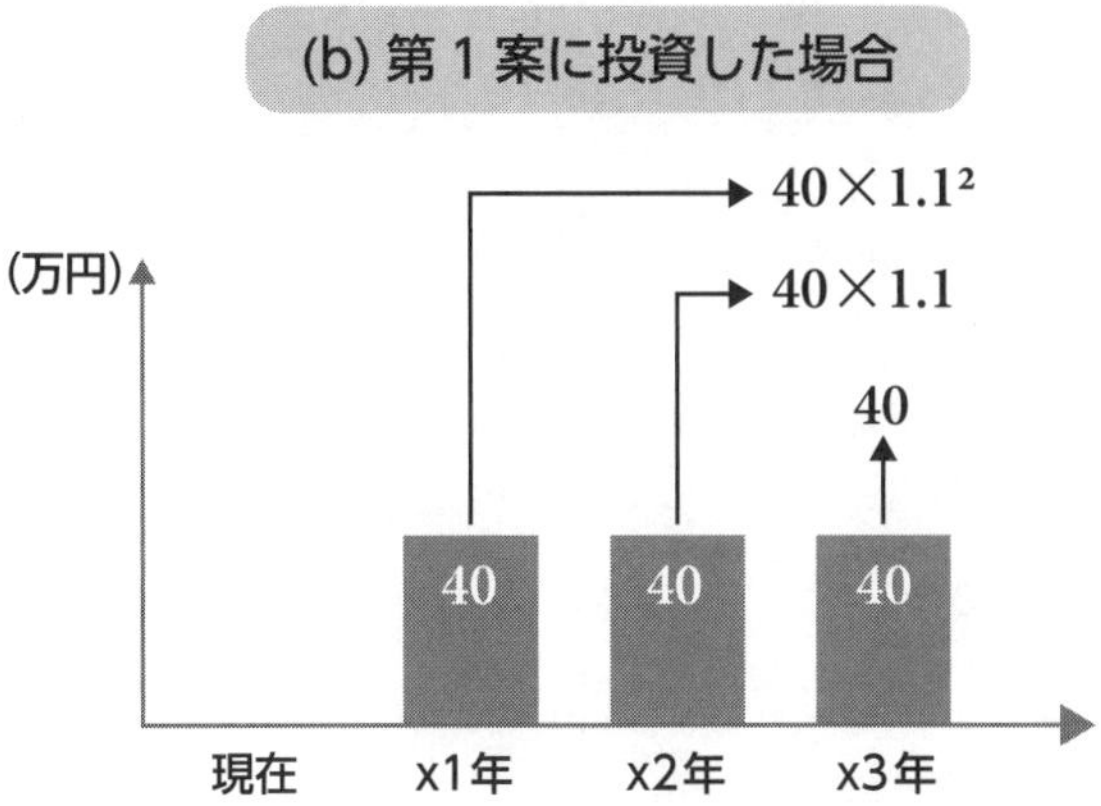

第1案に投資した場合と銀行に預けたままの場合のx3年時点のキャッシュの差を計算してみると、

$$(40万 \times 1.1^2 + 40万 \times 1.1 + 40万) - 100万 \times 1.1^3$$
$$= -7{,}000$$

となります。100万円をそのまま銀行に預け入れておいた方がx3年時点のキャッシュが7000円多くなるということです。つまり、この程度の投資なら銀行に預けたままの方がマシということです。

これが、キャッシュの時間価値を考慮して評価するということです。

ここでは話を簡単にするために、キャッシュを銀行に預け入れるということにしましたが、**キャッシュは他にいくらでも運用機会があります。それと比較して考えないと、わざわざリターンの低い投資にキャッシュを長期間塩漬けにすることになるのです。**

ここでは利回りを10％としましたが、ここで使う利回りは、その企業が想定し得る運用機会から得られる利回りです。言葉を換えれば、その投資に期待する最低利回り水準です。そのため、この利回りを投資のハードル・レートと呼んだりもします。その投資が越えるべきハードルということです。

❖時間価値を考えると早くキャッシュを得られる方がいい

それでは、図表5－6の第2案についても同様に計算してみましょう。

第2案の場合、x1年に得られる50万円はx1年からx3年までの2年間の金利が付きますから、x3年には50万×1.1^2円にできます。x2年に得られる40万円はx2年からx3年までの1年間の金利が付きますから、x3年には40万×1.1円にできます。x3年に得られる30万円は、x3年時点では30万円のままです。

したがって、第2案に投資すると、x3年時点のキャッシュは（50万×1.1^2＋40万×1.1＋30万）円にできます。

100万円をそのまま銀行に預け入れておいた場合との差は、

$$(50万 \times 1.1^2 + 40万 \times 1.1 + 30万) - 100万 \times 1.1^3$$
$$= 14{,}000$$

となります。第2案の場合は、銀行に１００万円を預けておくよりも、投資に使った方が１万４０００円のプラスになります。

キャッシュ・インの総額が同じなのに第１案と第２案で評価が分かれたのは、まさにキャッシュの時間価値を考慮したからです。キャッシュは同じ額であっても、時間的に早く得られた方が時間価値が高いですから、**第１案と比べて早めにリターンが得られる第２案の方が評価が高くなる**のです。

❖「正味現在価値（NPV）」とはこういうこと

x3年時点でのキャッシュが、第２案に投資した方が銀行に預けておくよりも増えることは、式(5．1)で表せます。

この式の両辺を1.1^3で割ってみましょう。すると、式(5．2)になります。この式は、すべてのキャッシュを、投資を考えている現在の価値に換算していることに相当します。

すべてのキャッシュを3年後の価値に換算しても、現在の価値に換算しても、どちらでもいいのですが、慣例的には現在の価値に換算するのが普通になっています。

式(5．2)の左辺を正味《しょうみ》現在価値と言います。**「すべてのキャッシュを現在の価値に換算して差し引きしたもの」**ということです。英語で言うとNet Present Valueなので、その頭文字を取ってNPVとも言われます。

エクセルには、その名もNPV関数という関数がありますから、簡単に計算できます。ですから、やはり、慣例に従って現在の価値に換算することに慣れておいた方がいいでしょう。

$$(50万 \times 1.1^2 + 40万 \times 1.1 + 30万) - 100万 \times 1.1^3 > 0 \cdots 式(5.1)$$

$$\left(\frac{50万}{1.1} + \frac{40万}{1.1^2} + \frac{30万}{1.1^3}\right) - 100万 > 0 \cdots 式(5.2)$$

将来のキャッシュを現在の価値に換算すると、**時間的に後のキャッシュほど現在価値が小さくなります。**時間的に後になれば、それだけ運用で得られる利回りが少なくなりますから、その分を割り引いていることに相当します。これは機会費用を減額していることに相当します。

割引計算をすることから、ＮＰＶの計算に使う利回り（ここでは10％）のことを「割引率」と言います。

現在、大手企業であれば、かなりの割合で投資の評価にＮＰＶの考え方が使われています。投資の評価以外でも、ＮＰＶはいろいろなところで出てくる重要な概念ですので、みなさんも正味現在価値やＮＰＶという言葉を聞いたことがあるかもしれません。

ただ、難しそうな計算をやっていることだけは分かるものの、何をやっているのか今一つピンときていなかった方も多いのではないかと思います。

ここで説明したように、現在の価値に割り引くことの意味をいきなり理解しようとするよりも、最終年度の手元キャッシュの比較というところから理解した方が、そのエッセンスは分かりやすいのではないかと思います。

❖ＩＲＲで投資を評価する方法

企業によっては、ＮＰＶの代わりにＩＲＲを使って投資を評価しています。ＩＲＲはInternal Rate of Returnの頭文字で、日本語では「内部収益率」と言います。

ＩＲＲによる評価は、基本的にはＮＰＶによる評価と等価です。**ＩＲＲはＮＰＶがちょうどゼロになるときの割引率**のことです。その値は投資案件ごとに固有に決まるので、「その投資案件が内部で固有に持っている収益率」というような意味合いから、内部収益率と呼ばれています。

ＮＰＶと割引率との関係は一般的に図表５‐８のようになります。この図でＮＰＶが横軸と交わっているときの割引率がＩＲＲです。

ということは、

図表5-8 IRRとNPV

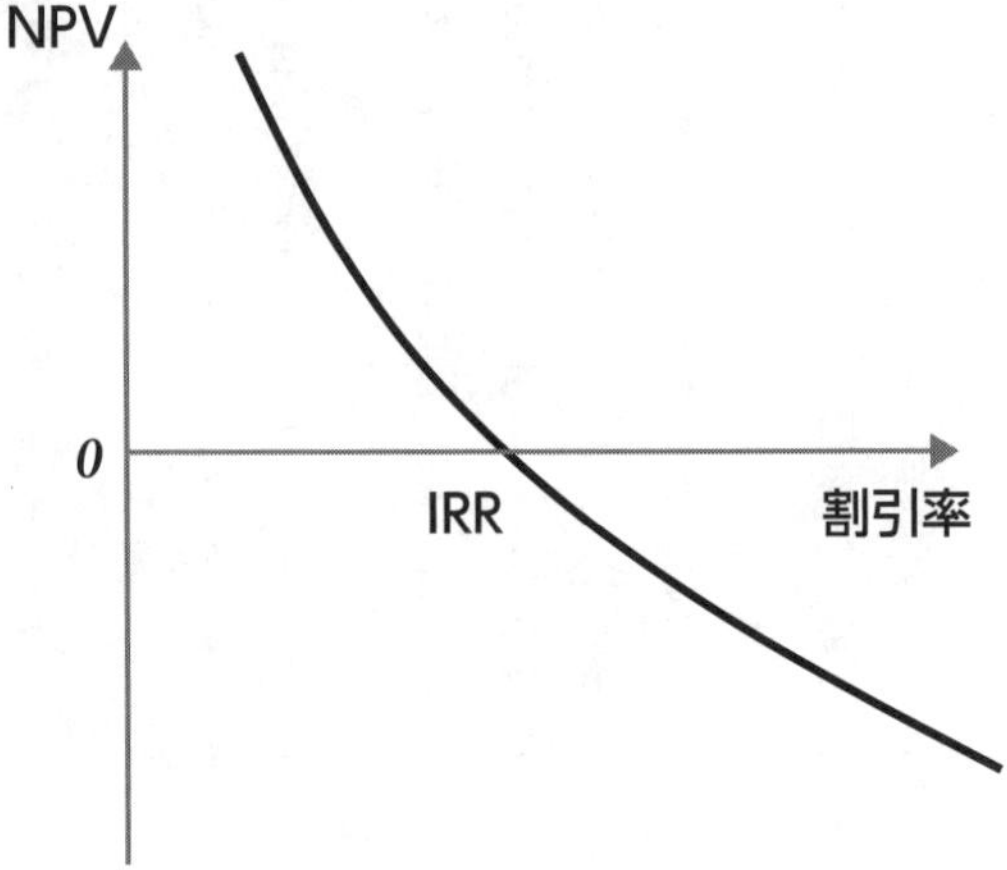

割引率＜ＩＲＲ
⇒ＮＰＶ＞０（投資すべき）

割引率＞ＩＲＲ
⇒ＮＰＶ＜０（投資すべきでない）

という関係が成り立ちます。ＮＰＶがプラスかマイナスかで判断するのと同じことを、割引率、すなわち投資に対する期待利回りとＩＲＲとの大小関係で判断できるということです。

ＮＰＶによる評価とＩＲＲによる評価の違いは、自分の期待利回りを先に明示するか、後で天秤《てんびん》にかけるかです。

ＮＰＶによる評価では、自分の期待利回りを、いわばＮＰＶという検査装置にかけて、プラスになるかマイナスになるかを判定するというアプローチです。

ＩＲＲによる評価では、自分の期待利回りは胸に秘めておきます。その上で、投資案件そのもののＩＲＲを先に計算して、事後的に胸に秘めておいた自分の期待利回りと天秤にかけます。期待利回りよりもＩＲＲの方が上回っていれば、その投資案件固有の利回りが期待を上回っていることを意味しますから、その投資はやるべきだということになるわけです。

ＩＲＲはＮＰＶがゼロになるときの割引率として求めますが、一般的に手計算で求めるのは不可能です。しかし、エクセルにその名もＩＲＲ関数という関数がありますので、セルに数字を入れさえすれば、ＩＲＲを求めることは誰にでもできます。

❖ＮＰＶがプラスでも投資すべきとは限らない

ＮＰＶがプラスだとしても、それが本当に望む投資案件になっているとは限りません。

図表5-9を見てください。第1案と第2案は投資後のリターンの総額が同じだとします。その場合、どちらの投資案件のNPVの方が大きくなるでしょうか?

答えは当然、第1案です。NPVは、早期に多額のリターンが得られる方が大きい値になるようになっているからです。

しかし、本当に望んでいるのは第2案の方だということもあり得ます。たとえば、既存事業が将来においてマイナス成長になることが見込まれているときに、それをリスク・ヘッジ的に補う事業をやりたいような場合です。その場合は、尻上がりにリターンが増えてくれた方が好都合です。

理論的にはリターンは早期にあった方がいいですし、早期に得られたリターンをちゃんと運用すれば将来の備えにもなります。しかし、理論通りにいかないのが人間です。

若いうちに多額のお金を手にできたとしても、経済的に一生安泰とは限らないのと同じです。現実に手元にお金があれば、運用せずに使ってしまうことがあるからです。浪費してしまうかもしれません。そう考えると、年齢とともに尻上がりに収入が上がっていった方が、一生を通してみれば生活が安定したりするわけです。

図表5-9 NPVが大きいのは第1案だが……

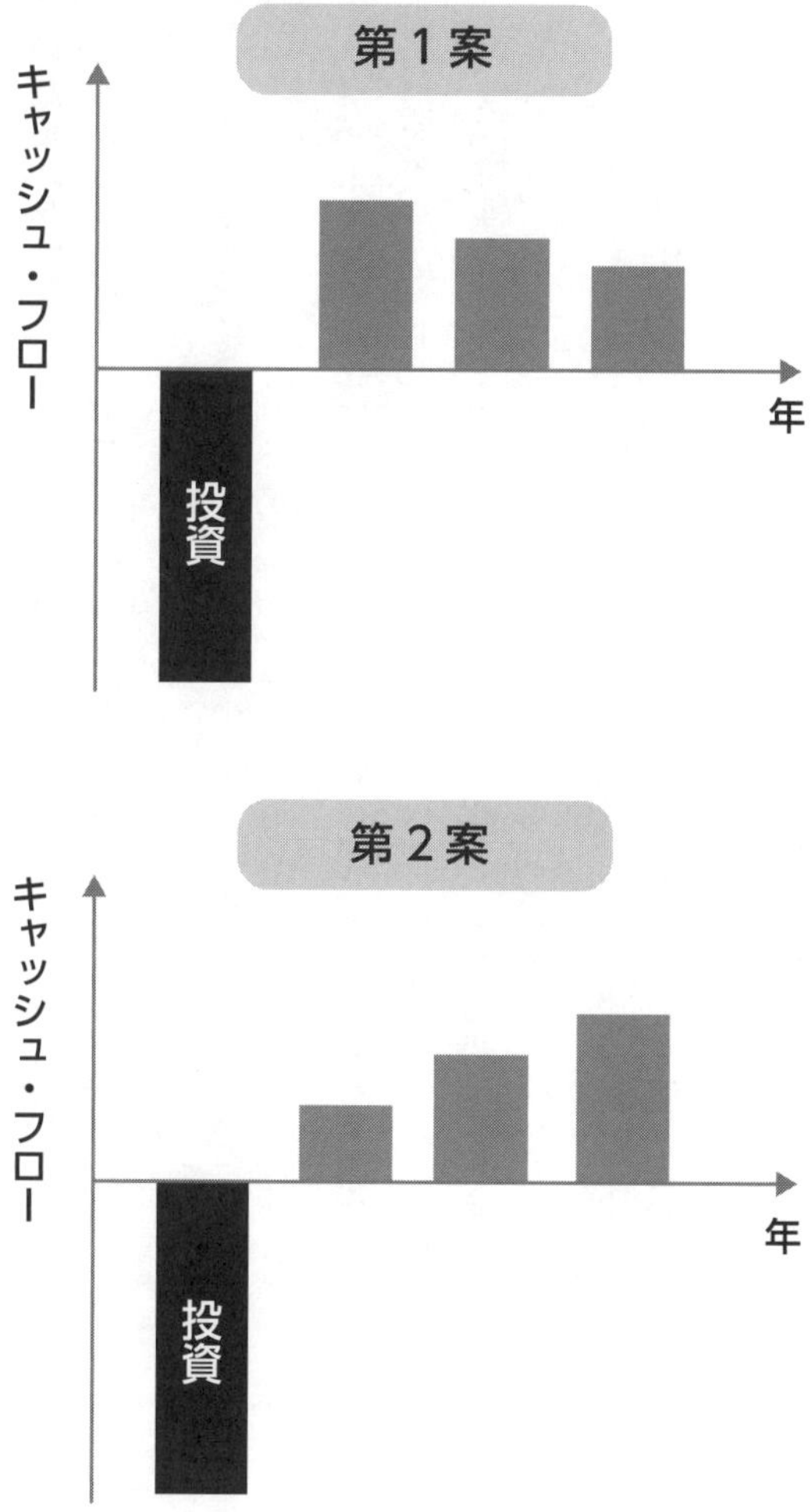

ＮＰＶのようなものを機械的に使っているだけでは、こういうことは正しく判断できません。**計算技術を駆使する前に、その計算でやっていることの意味や、どういうものをプラスに評価するのかという本質的な特徴を理解することの方が重要**だということです。

❖ポートフォリオで考える

ＮＰＶがマイナスであれば、担当者、その投資はすべきでないと判断するでしょう。それは当然だと思うかもしれませんが、ここでもう一つ注意しておきたいのが、ポートフォリオで考える重要性です。ポートフォリオとは、複数の投資の組み合わせのことです。

担当者は、どうしても自分の担当する投資案件だけを考えます。それ以外の投資案件を考慮する視野も責任もなく、自分が担当する投資案件のＮＰＶがプラスかマイナスかという視点しか持てません。

しかし、**特定の投資案件がマイナスだとしても、会社全体でプラスになればいい**のです。すべての投資案件が十分に満足のいくリターン水準でなくてもいいのです。

　そもそも、すべての投資から十分なリターンを確実に得ることが難しいという前提があるから、複数の投資をしているはずです。分散投資は投資の基本です。複数の投資をすることによって、お互いが助け合えるようにしているはずです。

　また、すべての投資案件において常に十分なリターンを求めるのは、イノベーションの観点からはむしろ望ましくはありません。イノベーションとは革新的なものですから失敗はつきものです。ある程度の失敗を許容しなければ本当のイノベーションは生まれません。

　イノベーションを起こしたいのであれば、4-4節で紹介したグーグルやアップルがそうであるように、投資においてもリターンが出ないことを許容することが必要です。

　そのためには、投資を個別で評価するのではなく、ポートフォリオ全体で評価する視点が必要です。それを一担当者に期待するのは無理な話ですから、**ポートフォリオ全体で投資を評価する〝仕組み〟を会社として作っておくことが必要**です。

5-4 NPVやIRRの計算より重要なこと

❖やっぱり重要なのは管理会計の基本的概念

数式が出てきたりして、面食らった方もいるかもしれません。

投資の評価の話というと、とかくNPVやIRRにスポットライトが当たりがちです。NPVやIRRが数学的であるために、その説明に多くの紙面が割かれることが多く、どうしても印象に強く残るからでしょう。また、計算問題としても出題しやすいので、資格試験などで取り上げられることが多いのも一因かもしれません。

しかし、今どきNPVやIRRを電卓で計算する人はいません。やるとしたら、何かの試験問題を解くときぐらいでしょう。そもそも、IRRは電卓では求められません。

NPVやIRRの計算は人間が頭を使うところではありません。計算は、エクセルが不平も不満も言わずに、瞬時に１００％正しい答えを出してくれます。

勝負は、エクセルのセルにどれだけ正しい数字を入れられるかです。そこが、人間が頭を使うところです。そして、そこを多くの人は間違えるのです。

間違える理由は、税金を考慮することやキャッシュ・ベースの計算に慣れていないということもありますが、正しく計算するために重要となるのは、結局は埋没費用や機会費用といった概念であり、その大前提である比較対象の明確化です。

投資の評価といえども、重要なことは管理会計の基本的概念なのです。

❖買ったばかりの設備でも買い替えるべきか？

ここで、投資の評価についても管理会計の基本的概念が重要であることをあらためて理解していただくため、次のケースを考えてみましょう。一見すると少々難しく見えるかもしれませんが、重要な論点が含まれていますので、頑張って読み進めてください。

H社は、昨年、9000万円で設備Aを導入したばかりです。導入から6年後まで(現在から5年後まで)使って、売却する予定です。その売却額は800万円の見込みです。

ところが、消費電力が大幅に少なくて済む設備Bが、今年になって1億円で発売されました。購入するには代金を一括で支払う必要があります。

設備Bに取り換えると、ランニングコストを毎年2000万円削減できます。ただ、一方で、減価償却費が年500万円増えます。差し引きすると、利益の改善額は年1500万円に留まります。

設備Bに買い替えた場合も5年後に売却する予定で、その売却額は1000万円と見込まれています。

5年後にはいずれの設備も帳簿上の価額は0円になっている(減価償却が済んでいる)ので、売却額と同額の売却益が発生します。

また、設備Aを現在売却しても3000万円にしかならず、4500万円もの売却損が発生してしまいます。それによって利益に大きな影響が出てしまいます。

H社の税率は30%です。

ここで演習問題です。

【演習問題14】
H社は設備Aを売却し、設備Bに買い替えるべきでしょうか？

このようなケースにおいて、よく言われるのが「もったいない」です。確かに、わずか1年前に多額のお金を支払って買った設備をもう手放すのは、いかにももったいない話です。

しかも、1年しか使っていないのに、今売ったとしても購入額の3分の1の額でしか売れません。二束三文《にそくさんもん》でしか売れないのに、なぜわざわざ買い替えるのかという話です。今売れば多額の売却損が発生しますから、利益もかなり圧迫します。

確かにランニングコストは削減できますが、減価償却費が増加してしまうので、利益の改善額はそれほどではありません。

どこをどう見ても、たった1年しか使っていない設備Aを、わざわざ設備Bに買い替える理由が見当たりません。

……これが、大方《おおかた》の見方ではないかと思います。

果たして本当にそうでしょうか？　設備Bに買い替える余地は全くないのでしょうか？

❖「もったいない」は埋没費用

「もったいない」は日本の美徳の一つでもありますので、「もったいない」と言われてしまうと、「そうだよな、もったいないよな」と思ってしまいます。

「もったいない」だけで済めばいいですが、こんなに早期に買い替えることになったら、設備Aの購入を判断した人の責任問題にもなりかねません。

多くの人が共感する「もったいない」ですが、ここでの「もったいない」とは具体的にどういうことなのでしょうか？　何をもって「もったいない」と言っているのでしょうか？

9000万円という金額の大きさを問題にしているのでしょうか？

1年しか使っていないという期間を問題にしているのでしょうか？

もし金額が問題だとするならば、9000万円ではなく90円だったら、もったいなくないのでしょうか？

もし使用期間が問題だとするならば、何年使ったらもったいなくないのでしょうか？

何だか屁理屈《へりくつ》のような問いかけかもしれませんが、おそらくうまく答えられないと思います。それは屁理屈だからではなく、**金額も期間も合理的な理由にならない**からです。

設備Aを購入し、それを1年間使ったという過去の事実に伴うキャッシュの動きは、すべて埋没費用です。

今から取り得る選択肢は、設備Aを使い続けるか、設備Bに買い替えるかのいずれかです。いずれの選択肢を選んでも、設備Aを購入し、それを1年間使ったという過去の事実は取り消せません。

ですから、**設備Aの購入に要した9000万円のキャッシュ・アウトと、過去1年間の設備Aのランニングコストや減価償却費に関するキャッシュの動きは、考えてもしょうがないのです。**

余談ですが、「出された食事は残さずに食べましょう」とよく言われます。これも日本のもったいない文化の一つでしょう。

しかし、食材の無駄遣いを問題視しているならば、作った後でそれを言っても手遅れです。食材は既に消費されているからです。作ってしまった後は、それを食べるか捨てるかの違いは、行き先が人間の胃袋かごみ箱かの違いだけです。捨てられて自然に返された方が、食べ過ぎて肥満になるよりはるかにいいかもしれません。

食材の無駄をなくしたいなら、作り過ぎたという事実を未来に活かして、今後作り過ぎないようにするしかありません。

❖利益思考では投資の評価はできない

買い替えるべきでないという判断のもう一つの誤りは、利益思考で考えていることです。このケースでは、設備Aを今売ると多額の売却損が発生することを問題にしています。

確かに売却損は費用ですから、利益が減少します。しかし、**売却損はキャッシュ・アウトを伴わない費用ですから、キャッシュ的にはタックス・シールドというプラスの効果が**

あるのです。具体的には、売却損の税率相当分である4500万×0・3円、キャッシュが増加します。

また、減価償却費が増えるために利益が圧迫されることもネガティブに言っていますが、**減価償却費にもタックス・シールド効果がありますので、キャッシュ的にはプラスに作用します。**

ランニングコストの削減と減価償却費の増加については、キャッシュ的には次のようになります。実は、ここの部分は5－2節のケースと数字が全く同じですから、5－2節のケースが理解できていれば容易に理解できるはずです。

あらためて説明すると、まず、ランニングコスト2000万円の削減はキャッシュ・アウトを伴う費用の削減ですから、2000万円キャッシュが増加します。一方で、コスト削減によって利益がそれだけ増加しますから、その税率相当分である2000万×0・3円だけ税金が増えます。まとめれば、ランニングコストの削減によるキャッシュの増加額は2000万×(1－0・3)円となります。

次に、増加する減価償却費500万円には、その税率相当分である500万×0・3円のタックス・シールド効果がありますから、その額だけキャッシュが増加します。

❖ここでも比較対象を明確に

ここまでの話を踏まえると、設備Aから設備Bに買い替えた場合のキャッシュの動きは、図表5－10のようになります。

まず、買い替え時は、設備Aの売却収入3000万円と、その売却損のタックス・シールド4500万×0・3円がプラスに計上されています。一方、設備Bの取得にかかる1億円のキャッシュ・アウトがマイナスに計上されています。

買い替え後は、ランニングコストの削減に伴うキャッシュの増分2000万×(1－0・3)円と、減価償却費の増加に伴うタックス・シールド500万×0・3円が、1年後から5年後にかけてプラスに計上されています。

図表5-10 設備Ａから設備Ｂに買い替えた場合のキャッシュの動き

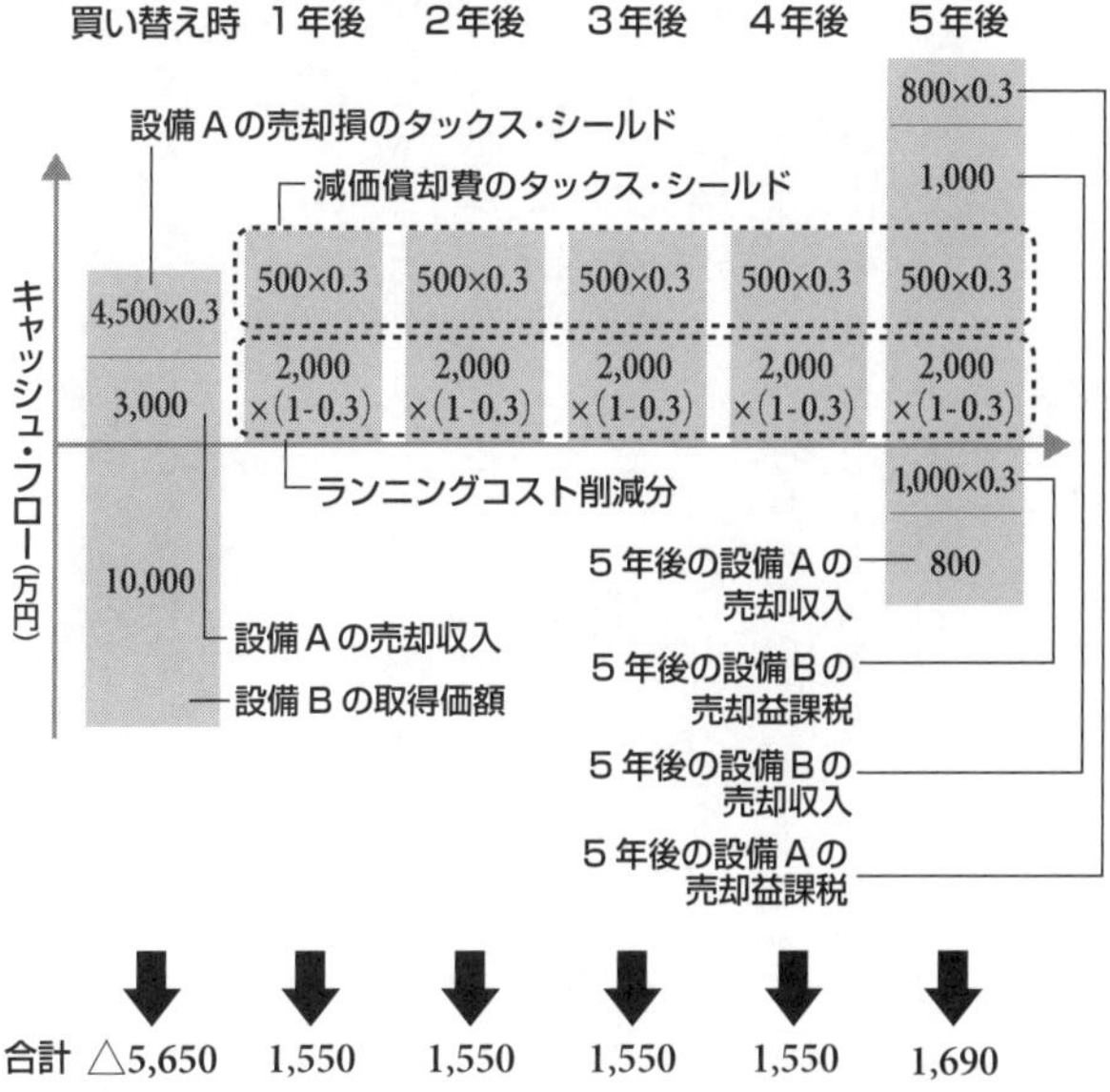

さて、5年後を見てみましょう。

まず、設備Bを売却しますから、その売却収入1000万円がプラスに計上されています。また、この額がそのまま売却益になりますから、それに対する税金の増加額1000万×0・3円がマイナスに計上されています。

ここまではいいと思うのですが、5年後のところに設備Aを売却した場合の売却収入800万円がマイナスに計上されています。

最初の買い替え時点で設備Aは手放したはずなのに、既に手元にはないはずの設備Aを5年後に売却する話がなぜここで出てくるのでしょうか。

ここを理解するのが最後のポイントです。そのカギは、比較対象の明確化です。


今、比較しようとしているのは、設備Aを今後5年間使い続ける場合のシナリオと、設備Bに買い替えて、それを今後5年間使う場合のシナリオです。そもそも、「ランニングコストの削減額」と言っていることが、暗黙のうちに2つのシナリオを5年間、相対的に比較していることを物語っています。

それをあえて図示すると、図表5-11のようになります。

「あえて」と言ったのは、それぞれのシナリオのランニングコストと減価償却費が分からないので、実際はそれぞれのシナリオを単独では描けないからです。図表5-11では便宜的に、設備Aを使う場合のランニングコストを c 万円、減価償却費を d 万円としています。


やるべきことは、図表5-11の(a)と(b)の大小比較をすることですが、大小比較をする代

図表5-11 設備Ａを使い続ける場合と設備Ｂに買い替える場合を比較する

(a) 設備Ａを使用するシナリオ

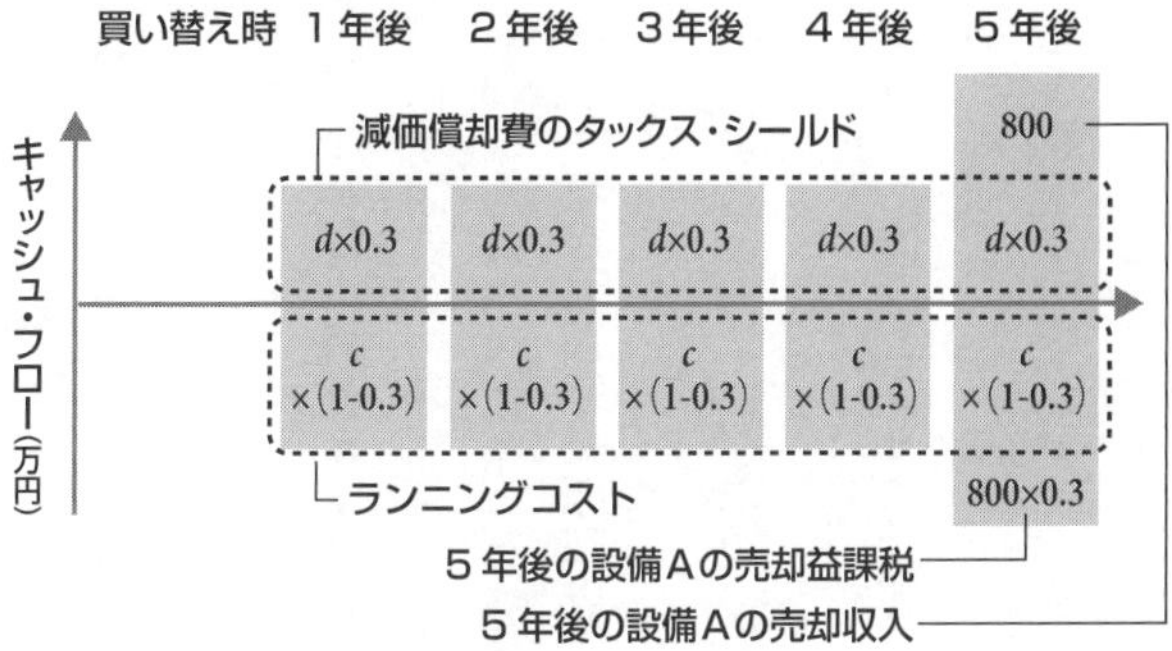

(b) 設備Ｂを使用するシナリオ

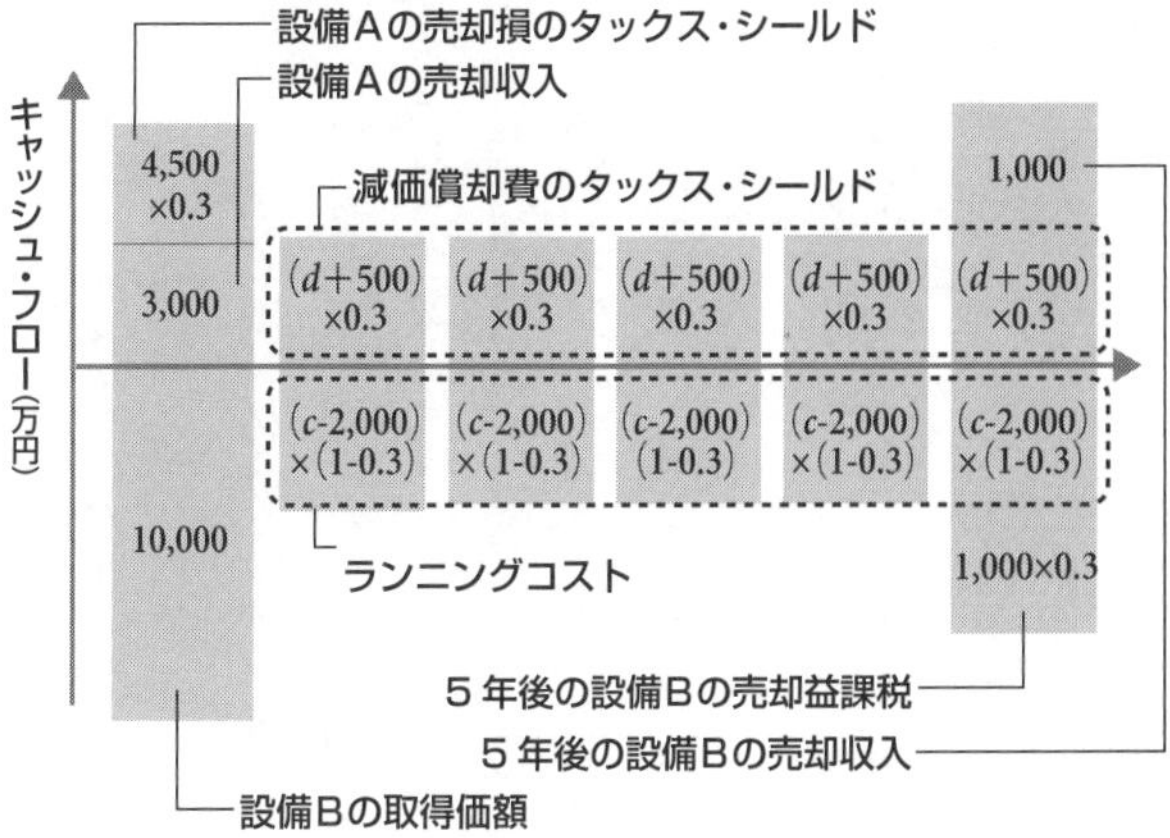

わりに、図表5－11の(b)から同図の(a)を引き算して、その差がプラスかマイナスかを見ても同じことです。図表5－11の(b)から同図の(a)を引き算したものが図表5－10になっています。

図表5－11(a)を引きますから、引き算後の図表5－10ではプラスとマイナスがすべて反転しています。だから、図表5－11(a)でプラスに計上されていた5年後の設備Aの売却収入800万円は、図表5－10ではマイナスに計上されているのです。また、図表5－11(a)では5年後の設備Aの売却に伴って発生する売却益課税800万×0・3円がマイナスに計上されていますが、引き算後の図表5－10では反転してプラスに計上されています。

❖既に手元にない設備Aの売却収入は機会費用

図表5－10の5年後のところに設備Aの売却収入が現れる本質的な理由は、比較対象が設備Aを今後5年間使い続けるシナリオだからです。それが、図表5－10の5年後にマイナス計上される意味は、それが設備Bに買い替えた場合の機会費用になるからです。

設備Aの5年後の売却収入800万円は、設備Bに買い替えなければ5年後に得られたはずです。それが、設備Ｂに買い替えたために得られなくなってしまったということです。

機会費用は、そもそも比較対象を明確にするからこそ出てくる概念です。そして、選ばなかったもう一方の選択肢で起きているプラスが機会費用です。図的に言えば、選ばなかったもう一方の選択肢のグラフでプラスに計上されているものであり、引き算したら反転してマイナスになるので、機会費用という費用になるということです。

設備Ａを使い続けていたならば５年後に発生したはずの売却益課税８００万×０・３円は、設備Ｂに買い替えたことによって払わなくて済んだので、図表５－10の５年後にプラスで計上されているのです。無理やり言うならば、〝逆機会費用〟のようなものです（そういう言い方はありませんが）。

❖売却損が出て減価償却費が増えても「買い替えるべき」

図表５－10に基づいてＩＲＲを計算してみると12％になります。これは十分高い値です。

ということは、本ケースの買い替え投資は十分やるに値するということです。

「十分やるに値する」という結論は、直感的にはなかなか出てこないと思います。たった1年前に9000万円も出して取得した設備を、もう買い替えて、多額の売却損を発生させ、減価償却費も増やすのです。普通に考えたら、「やるわけない」ということになるはずです。

しかし、それは感情論に過ぎないのです。利益思考が正しい判断を邪魔しているとも言えます。その根底にあるのは、「儲かるとは利益が出ること」という漠然《ばくぜん》とした感覚です。

合理的に計算するためのポイントは、**税金の効果を考慮しながら、キャッシュ・ベースで正しく計算する**ことです。正しく計算するためには、比較対象を明確にし、埋没費用や機会費用という管理会計の基本的概念を正しく使うことです。多くの人は、ここができません。ここができなかったら、その後、どんなに小難しい計算を一生懸命やっても全く意味がありません。当然、正しい意思決定もできません。

5-5 ＤＸの投資対効果はどう評価すればいい？

❖本当のＤＸは業務効率化ではない

最近はどこの企業でも聞かれるちょっとしたバズ・ワードに、ＤＸがあります。デジタル・トランスフォーメーションのことです。要は、「ＩＴを企業経営に活かしましょう」ということです。

同じようなことは、もう何十年も前から言われ続けています。たとえば、１９８０年代後半から90年代初頭にかけてはＳＩＳ（Strategic Information System）という言葉が流行りました。日本語で言えば、戦略的情報システムです。今となってはこの言葉はもはや死語だと思いますが、言わんとしていたことは、「ＩＴを単なる業務効率化の手段としてではなく、もっと戦略的に企業経営に活用しましょう」ということです。

ＤＸも根本は同じような話ですが、それでもＤＸにはやはり従来のＩＴ投資にはない特徴があります。そのヒントは、２０１８年に経済産業省が公表した「ＤＸレポート」にあります。

そこではＤＸの定義として、IDC Japan 株式会社による以下の定義を引用しています。

「企業が外部エコシステム（顧客、市場）の破壊的な変化に対応しつつ、内部エコシステム（組織、文化、従業員）の変革を牽引《けんいん》しながら、第3のプラットフォーム（クラウド、モビリティ、ビッグデータ／アナリティクス、ソーシャル技術）を利用して、新しい製品やサービス、新しいビジネス・モデルを通して、ネットとリアルの両面での顧客エクスペリエンスの変革を図ることで価値を創出し、競争上の優位性を確立すること」

一読しただけでは、これまたバズ・ワードのオンパレードで、「だから結局どういうこと？」という感じかもしれませんが、この定義の中にＤＸの重要な特徴がちりばめられています。

第一に、「外部エコシステム（顧客、市場）の破壊的な変化に対応しつつ」というところです。ＤＸは顧客や市場の〝破壊的な変化〟を前提としているということです。非連続的な変化などという生易《なまやさ》しいものではありません。破壊的な変化です。これは、「そういうレベルの変化が既に起きているということを認識しなさい」という警鐘《けいしょう》とも受け取れます。

第二は、「内部エコシステム（組織、文化、従業員）の変革を牽引しながら」というところです。ＤＸは、「ＩＴによって仕事が楽になったね」というレベルではダメだということです。組織、文化、そして働く人の〝変革〟を牽引するものでなければならないのです。

第三は、「第３のプラットフォーム（クラウド、モビリティ、ビッグデータ／アナリティクス、ソーシャル技術）」です。モビリティとはスマホに代表される携帯端末、ソーシャル技術はＳＮＳのことです。ＤＸはこれらの利用が前提になっている、ということです。

確かに、ＳＩＳの時代には、クラウドという巨大なネットワークコンピューティングはありませんでしたし、スマホもＳＮＳもありませんでした。それらを前提にできるか否《いな》かは大きな違いです。

第四は、「新しいビジネス・モデルを通して」というところです。ＤＸは、第３のプラットフォームを利用した新製品・新サービスはもちろんのこと、ビジネス・モデルも変えるものでなければならないということです。

最後は、「価値を創出し」というところです。従来のＩＴ投資は業務効率化やそれに伴うコスト削減が主目的であることが多かったのですが、ＤＸは価値を創出するものでなければなりません。これは、当然、顧客にとっての価値ですから、価値を創出するとは売上高の増加をもたらすということです。


このように見てみると、ＤＸというのは、かなり外に目を向けた攻めのＩＴ投資を想定していることが分かります。

❖ＤＸの効果が見積もれないのは経営者の問題

ＤＸが時代のバズ・ワードになったおかげで、多くの企業で多くの担当者が、経営者から「ウチもＤＸについて何か考えろ」と言われているようです。

同時に、多くの人がＤＸの投資対効果を見積もることに苦労しています。その結果、よく分からない作文を多くの人が書いています。

なぜＤＸの投資対効果を見積もれないのでしょうか？

その大きな理由は、経営者がＩＴという道具を使って企業そのものをどのように〝変革〟しようと思っているのか、その意思が明確でないからです。

ＤＸは、「すべてデータ化してペーパーレスを実現しよう」などというような、アナログなものをデジタル化するレベルの話ではありません。組織、文化、そして働く人を〝変革〟し、ビジネス・モデルをも〝変革〟するという、企業そのものの〝変革〟、いわゆるコーポレート・トランスフォーメーション（ＣＸ）の話です。

経営者がそういう変革に対する具体的な意思を持たないまま、ベンダーに言われるがままに今どきのシステム導入の提案を受け入れ、それで「後はよきにはからえ」みたいに言われても、担当者が投資対効果を見積もれるわけがありません。

これは経営者の問題です。担当者の問題ではありません。

そもそも、インスタグラムもTikTokも、何が面白いのかさえ分からないオジサンから、クラウド、スマホ、SNSを利用した企業変革のアイデアなど出てくるわけがありません。

DXを本気で成功させたいならば、一番の近道は抜擢《ばってき》人事です。スマホとSNSを最もアクティブに利用している若手に十分なポジションと十分な権限、そして、それに見合った十分な報酬を与えることです。オジサンの最も重要な仕事は、そういう若手をとにかく邪魔しないことです。

❖「人件費が浮く」は本当か？

業務の効率化を目的とするIT投資は本来のDXの定義からは外れますが、そういうIT投資もまだまだあります。経営者が企業変革に対して具体的な意思を持っていない場合は、そういうIT投資がほとんどでしょう。

ここで最後の演習問題です。

【演習問題15】

業務の効率化のためのＩＴ投資をするとき、担当者が次のような作文をすることがよくあります。

「このシステムを導入したら、今まで10人でやっていた業務が３人でできるようになるので、７人分の人件費が浮きます」

この作文は正しいでしょうか？


ここまで読まれてきた方なら、お分かりだと思います。

３－１節で述べたように、**７人のリストラを予定しない限り、基本的にはウソ**です。

こういうときの定量効果は、浮いた７人を他の業務に振り向けたならば得られるであろう経済的効果、すなわち機会費用でしか見積もれないというのが基本です。

しかし、「人件費が浮く」という言い方がウソにならない場合もあります。その前提は、複数年で考えることです。そもそも投資は複数年で評価するものですから、投資の効果を考える場合は、必然的に複数年で考えることになります。

システム導入によってある業務の必要人員数を削減できたならば、その人数はもう必要ありませんから、複数年で考えれば、それ以降の年度の採用計画数を減らすはずです。

比較対象はそのシステムを導入しなかった場合の未来ですから、それと比較したら、**採用計画数を減らした分、人件費は削減される**と言えます。

ただし、対前年比を目安に4月一括採用を繰り返す企業が、一システムの導入で採用計画数を見直すかどうかは分かりません。もし採用計画数を見直さないとしたら、それこそ経営者はＩＴを企業経営と結び付けて考えていないということになりますから、ＩＴの投資対効果は見積もりようがありません。

担当者としては「このＩＴ投資では、売上の増加も費用の削減も何も起こりません」と言うしかありません。そう言った方が、「人件費が浮く」などというウソの作文を書くより、担当者の仕事としてははるかに誠実です。

❖DX投資をしなかった未来を比較対象にする

本来のＤＸの定義通り、売上高の増加を目指すＩＴ投資をしても、それによって売上高が明確に伸びるとはなかなか言えないものです。売上高が右肩上がりで伸びていく絵を描くだけならいくらでも描けますが、その根拠を説得力を持って説明するのは至難《しなん》の業《わざ》です。

もし、そのＩＴ投資がどこにもない革新的なサービスの提供を可能にするものだというならば、それによる売上高の増加は明確に言えるでしょう。しかし、ごく一部の企業を除いて、そのようなことはほとんどあり得ません。

そもそも、ＤＸが利用を想定しているクラウド、スマホ、ＳＮＳは、プラットフォームと言うくらいですから、誰でも等しく同じように使えます。これらを使った新規サービスを始めたところで、同じようなことは誰でもすぐにできてしまいますから、結果的にどこも似たり寄ったりのサービスになってしまいます。

たとえば、スマホを使って銀行口座の確認や振り込みができるサービスは、それがなかった頃から見れば革新的ですが、大体同じようなサービスをどこの銀行も実現しています。これが現実ですから、ＤＸ投資をしたとしても、売上高が増加していくという絵はなかなか描けません。現状維持がいいところです。

しかし、それでも効果を見積もることは可能です。ここでのポイントも、やはり比較対象の明確化です。

比較対象はＤＸ投資をしない未来です。

他社と同じようなＤＸ投資をしなければ、自社のサービスの使い勝手がどんどん見劣《みおと》りしていき、顧客の離反《りはん》を招く未来が予想されます。どこも似たり寄ったりのサービスになるからこそ、それにキャッチアップしていかなかったときの顧客の離反は大きいはずです。図表5－12(a)のように、売上高がどんどん減少していく未来を見積もることができます。

これと比較すれば、ＤＸ投資によって見積もられる売上高が図表5－12(b)のような現状維持であっても、売上高の減少を食い止めている分だけプラスなのです。

ＤＸ投資に限らず、投資の評価を明確に見積もれない原因の一つは、投資をした場合の

図表5-12 DX投資の効果はDX投資をしなかった未来と比較して評価する

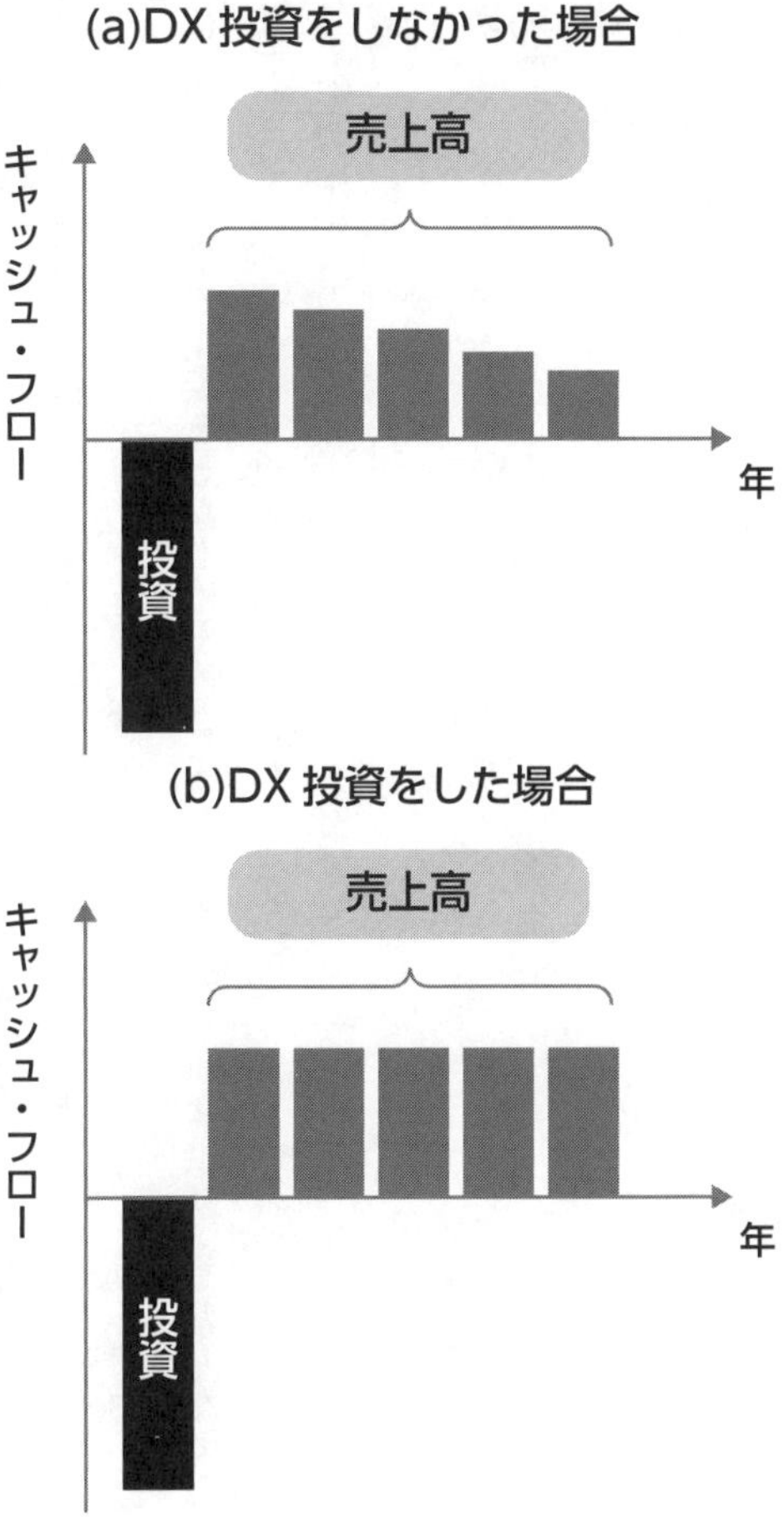

未来のシナリオしか考えていないことにあります。**重要なのは、投資をしなかった場合の未来のシナリオ**です。そこに想像を膨らませて、それを見積もり、それと比較するのです。そうすれば、現状維持にしかならなくても、効果は明確に主張できます。

評価は常に相対的です。投資をしなかった場合の未来を見積もらなければ、どんな場合でも効果は測れません。ここでも重要なのは、正しい意思決定のための第一のポイントである比較対象の明確化なのです。

おわりに

本書は、会計にあまり馴染みのない方を想定していますので、なるべく平易に分かりやすく書いたつもりですが、それでも所々、ちょっと難しいところがあったかもしれません。たとえば、第5章の5-3「キャッシュの時間価値を考慮した投資の評価」のところです。特に、NPV（正味現在価値）の部分は数学的な内容がかなり含まれていることもあり、本書が想定すべきレベル感を少々超えるのではないかと、担当編集者の方とちょっとした議論になりました。

それでも、最終的には私の思いを尊重していただき、ほぼ原形のまま残すことになりました。その「思い」とは、以下の2つです。

1つ目は、本文中でも述べましたが、管理職が身に付けるべき会計である管理会計には、数学的素養が不可欠だという思いです。決算書を作成するための財務会計は、足し算・引き算程度の算数で足りますが、正しい意思決定のための管理会計には数学がどうしても必要です。「正しい意思決定」とは合理的な意思決定ということであり、定量的な合理性とは、多くの場合、数学的に妥当性を持つことだからです。最近の会計基準の理論的根拠を見ても思いますが、「合理性＝数学的妥当性」というのは、欧米人には染みついている感覚のように思います。

2つ目の思いは、管理会計云々以前に、これからのAIの時代、数学が分からない人はリーダーになれないし、なるべきでもないという思いです。新型コロナウイルスに対する政府の対応の根拠が〝政治的判断〟ばかりだったことを見れば分かるように、日本の政治家には、数理的データに基づく科学的態度というものが微塵《みじん》も感じられません。政治家だけではありません。企業の管理職も似たり寄ったりです。「意思決定」などと言うにはおこがましい、前例・しがらみ・勘などに基づく政治的判断がまだまだ多いと思うのです。

以上のような思いから、数学的説明をあえて残しました。

ただ、管理職の立場にある者にとって重要なことは、難しい計算をゴリゴリできることではありません。重要なのは、数学で記述されたものを理解する力であり、そして何よりも、計算式の「意味」と、計算結果がビジネスに対して持つ「意味」を解釈する力です。そのようなことも含めて、本書がこれからの管理職の方々にとって、少しでも役に立つことを心から願っております。

最後になりましたが、本書の企画・編集から始まり、数学的な部分に関する議論にもお付き合いいただいた、ＰＨＰ研究所の岸正一郎、野牧峻の両氏に感謝申しあげます。

PHP
Business Shinsho

金子智朗（かねこ・ともあき）

コンサルタント、公認会計士、税理士
東京大学工学部、同大学院修士課程修了。日本航空㈱において情報システムの企画・開発に従事しながら公認会計士試験に合格後、プライスウォーターハウスクーパースコンサルタント（現PwCコンサルティング）などを経て独立。現在、ブライトワイズコンサルティング合同会社代表。
会計とITの専門性を活かしたコンサルティングを中心に、企業研修や各種セミナーの講師も多数行っている。
名古屋商科大学大学院ビジネススクールの教授も務める（ティーチング・アウォード多数回受賞）。
『「管理会計の基本」がすべてわかる本』（秀和システム）、『ストーリーで学ぶ管理会計入門』（Kindle）、『ケースで学ぶ管理会計』『理論とケースで学ぶ財務分析』（ともに同文舘出版）、『教養としての「会計」入門』（日本実業出版社）など、著書多数。
ホームページ：https://www.brightwise.jp
オンライン会計事典：https://www.kaikeijiten.com
YouTubeチャンネル：公認会計士・金子智朗　簿記2級講座〈商業簿記編〉
https://www.youtube.com/@kaneko-b2-fa

PHPビジネス新書 461

管理職3年目までに「会社の数字」に強くなる!
会計思考トレーニング

2023年6月29日　第1版第1刷発行

著　　者　金子智朗
発行者　永田貴之
発行所　株式会社PHP研究所
東京本部　〒135-8137　江東区豊洲5-6-52
ビジネス・教養出版部　☎03-3520-9619(編集)
普及部　☎03-3520-9630(販売)
京都本部　〒601-8411　京都市南区西九条北ノ内町11
PHP INTERFACE　https://www.php.co.jp/

装　　幀　齋藤　稔(株式会社ジーラム)
組版・図版作成　株式会社ウエル・プランニング
印刷所　株式会社光邦
製本所　東京美術紙工協業組合

ISBN 978-4-569-85495-3

「PHPビジネス新書」発刊にあたって

わからないことがあったら「インターネット」で何でも一発で調べられる時代。本という形でビジネスの知識を提供することに何の意味があるのか……その一つの答えとして「**血の通った実務書**」というコンセプトを提案させていただくのが本シリーズです。

経営知識やスキルといった、誰が語っても同じに思えるものでも、ビジネス界の第一線で活躍する人の語る言葉には、独特の迫力があります。そんな、「**現場を知る人が本音で語る**」知識を、ビジネスのあらゆる分野においてご提供していきたいと思っております。

本シリーズのシンボルマークは、理屈よりも実用性を重んじた古代ローマ人のイメージです。彼らが残した知識のように、本書の内容が永きにわたって皆様のビジネスのお役に立ち続けることを願っております。

二〇〇六年四月

PHP研究所

PHPビジネス新書

「具体⇅抽象」トレーニング

思考力が飛躍的にアップする29問

細谷 功 著

「具体」と「抽象」を往復することで、発想が豊かになり、コミュニケーション・ギャップも解消！ そんな思考法をクイズとともに紹介。

PHPビジネス新書

数学的思考トレーニング

問題解決力が飛躍的にアップする48問

深沢真太郎 著

楽しく問題を解いているうちに、自然と「数学的思考」が身についてしまう1冊。学生時代に数学が苦手だった文系ビジネスパーソン必読！

PHPビジネス新書

超文系人間のための
統計学トレーニング
「数字を読む力」が身につく25問

斎藤広達 著

難しい理屈は抜きで、「仕事で使える統計学」が身につく超実践的トレーニングブック。文系人間でも「数字で話せる人」になれる!

PHPビジネス新書

決算書ナゾトキトレーニング

7つのストーリーで学ぶファイナンス入門

村上茂久　著

決算書の裏に隠された企業の戦略や真の狙いに、あなたは気づけるか？　対話で決算書からビジネスモデルを解き明かす「7つの物語」